BIBLIOTHÈQUE
CHRÉTIENNE ET MORALE
APPROUVÉE
PAR MONSEIGNEUR L'ÉVÊQUE DE LIMOGES

In-12 3ᵐᵉ Série.

Tout exemplaire qui ne sera pas revêtu de ma griffe sera réputé contrefait et poursuivi conformément aux lois.

Ch. Barbou

VIE
DE SAINT LOUIS DE GONZAGUE.

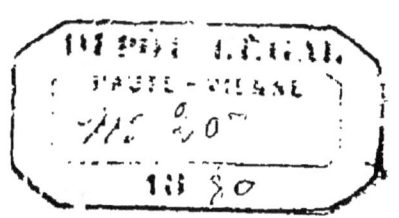

LA VIE

DE

S. LOUIS DE GONZAGUE

DE LA COMPAGNIE DE JÉSUS.

LIMOGES
ANCIENNE MAISON BARBOU FRÈRES
Ch. BARBOU, IMPRIMEUR-LIBRAIRE,
Avenue du Crucifix.

I

Saint Louis de Gonzague dont nous entreprenons d'écrire la vie, eut pour père don Ferdinand de Gonzague, marquis de Châtillon, et pour mère dona Martha de Tana, de l'une des plus nobles familles de Quiers en Piémont. Le marquisat de Châtillon est situé dans la Lombardie, entre Vérone, Mantoue et Brescia, près du lac de Guarda.

Le marquis don Ferdinand avait une charge à la cour du roi catholique Philippe II. Dona Martha était dame d'honneur de la reine d'Espagne, Isabelle de Valois, fille de Henri II, roi de France. Le marquis ayant donc occasion de connaître les bonnes qualités de cette dame, résolut de l'avoir pour épouse. Après de mûres réflexions, il fit prévenir sur cette alliance Leurs Majestés, qui l'approuvèrent. Pendant que cette affaire se traitait, il fut aisé de juger, par la conduite de dona Martha, des fruits qu'une pareille alliance semblait promettre. A peine la reine l'eut-elle instruite du mariage dont il était question qu'elle fit dire plusieurs messes pour obtenir de Dieu ce qui serait le plus avantageux pour son salut.

Après la cérémonie du mariage, le marquis eut la permission du roi et de la reine de retourner dans son marquisat, en Italie, et d'y conduire son épouse.

La marquise, qui avait toujours été portée à la

piété, se trouvant dégagée des occupations de la cour, exécuta la résolution qu'elle avait prise, en Espagne, de servir Dieu dans le mariage avec toute la ferveur dont elle serait capable. Elle sentit naître en elle un vif désir et demanda instamment à Dieu d'avoir un fils qui le servît dans l'état religieux. Ses ferventes prières furent écoutées favorablement, puisqu'elle devint mère d'un fils qui entra, qui vécut et qui mourut saintement en la compagnie de Jésus.

Cet enfant de prières naquit à Châtillon, lieu principal du marquisat de son père, dans le diocèse de Brescia, sous le Pontificat de Pie V, un vendredi 9 mars 1568. Dès qu'il fut né, la marquise fit sur lui le signe de la croix et lui donna sa bénédiction.

La solennité des cérémonies du baptême lui fut suppléée avec éclat le 22 avril de la même année 1568. On lui donna le nom de Louis, que portait le père du marquis.

La marquise savait qu'une femme véritablement chrétienne fait l'éducation de ses enfants le premier de ses devoirs. Elle fit, pour ainsi dire, sucer à son fils la piété avec le lait. A peine commençait-il à articuler quelques mots qu'elle lui apprit à former le signe de la croix, à prononcer les saints noms de Jésus et de Marie, à réciter le *Pater* et l'*Ave Maria*. Le saint enfant profita si bien de ces premières leçons que le goût de la piété se montra chez lui longtemps avant l'âge où se développe ordinairement la raison chez les autres enfants. Dès qu'il fut en état de marcher seul, on remarqua qu'il cherchait à se cacher ; et à quoi le trouvait-on occupé dans la retraite ? à prier. Dès-lors il se distingua par une tendre compassion pour les pauvres : il n'en apercevait aucun, qu'il ne voulût lui faire une aumône. Ses inclinations naissantes ne permettaient pas de douter qu'il ne fût un jour un grand saint. Quelques personnes ont déposé avec serment que lorsqu'elles le portaient entre leurs bras, elles se sentaient touchées d'une dévotion particulière.

La pieuse mère voyait avec une joie sensible son fils croître en âge et en piété ; mais le père, qui était guerrier, avait bien d'autres vues. A peine Louis avait-il quatre ans qu'il fit faire des petites armes proportionnées à sa taille et à ses forces. Etant même obligé d'aller passer quelques mois à Casal, où il devait assembler un corps de troupes pour le service du roi catholique, qui préparait une expédition contre Tunis, il y mena Louis, le tirant dès-lors d'entre les mains des femmes pour lui donner un gouverneur. Toutes les fois qu'on faisait la revue des troupes, il voulait que son fils y parût avec la pique et la cuirasse.

Le marquis, étant sur le point de partir pour Tunis avec ses troupes, renvoya Louis à Châtillon. Là on reconnut qu'il avait appris parmi les soldats à dire des paroles trop libres : son gouverneur l'en reprit, et Louis fut si docile à ses remontrances que jamais depuis il ne lui arriva de prononcer aucune parole qui ne fût honnête et décente.

Ce fut là la plus grande faute de toute sa vie. Quoiqu'il eût prononcé ces paroles libres sans en comprendre le sens, il en eut dans la suite tant de confusion qu'il lui fallut se faire une violence extrême quand il fut question de s'en confesser. Il avait coutume, étant religieux, d'en faire confidence à ses meilleurs amis, pour leur faire comprendre combien il avait été méchant dans sa jeunesse. On peut croire que Dieu, par une providence singulière, permit en lui cette légère tache, afin que parmi tant de vertus et de dons surnaturels dont la divine bonté avait enrichi son âme, il eût quelques motifs de s'humilier, en se reconnaissant coupable d'une faute que la faiblesse de l'âge et le défaut de connaissance excusaient. Peut-être aussi que, comme saint Grégoire l'écrit de saint Benoît, Dieu voulut par-là faire retirer à Louis le pied qu'il avait déjà mis dans le monde.

Parvenu à l'âge de sept ans, il se donna totalement à Dieu, et ne vécut plus que pour le service de sa divine majesté, c'est ce qu'il appelait l'époque de sa conversion. Ainsi quand il rendait compte de son intérieur aux Pères spirituels qui le dirigeaient, il comptait parmi les bienfaits les plus signalés celui d'avoir commencé à connaître et à aimer Dieu dans un âge si tendre.

Dès-lors il eut ses heures de prières réglées, dont faisaient partie l'office de la Sainte Vierge et les sept Psaumes de la pénitence. Il récitait toutes ses prières à genoux, sans vouloir accepter ni coussin ni aucun autre soulagement. Ce fut dans ce temps-là qu'il fut attaqué d'une fièvre quarte qui lui dura dix-huit mois, et l'affaiblit beaucoup. Il supporta cette maladie avec une patience singulière, sans jamais omettre aucune de ses prières accoutumées. Quand il se trouvait plus mal qu'à l'ordinaire, il se faisait aider dans ses dévotions par une des personnes attachées au service de sa mère.

Tels furent les premiers fondements de cet édifice spirituel que Louis commença à élever à l'âge de sept ans. On peut juger d'avance quelle sera la suite d'une vie si saintement commencée.

Après l'expédition de Tunis, don Ferdinand passa plus de deux années à la cour d'Espagne, d'où il retourna à Châtillon. Il y trouva Louis tout occupé des exercices de piété et de dévotion. Surpris de voir tant de maturité dans un enfant de huit ans, il compta sur lui comme sur un héritier capable de faire un jour le soutien de sa maison. Mais Louis formait des projets bien différents, le soin de sa perfection absorbait toutes ses pensées.

Cependant le marquis se mit en route pour Florence, où il laissait Louis et son jeune frère Rodolphe, au commencement de l'été 1577, non sans causer une vive douleur à la marquise, qui voyait avec inquiétude ses enfants s'éloigner d'elle dans un âge si peu avancé.

Louis avait alors neuf ans. Il y fit de grands

progrès dans la vie spirituelle : c'est par cette raison qu'il regardait Florence comme la mère de sa piété. Il conçut surtout tant de dévotion à la sainte Vierge que, quand il en parlait ou qu'il songeait à ses mystères, il paraissait se consumer par la vivacité de sa tendresse pour Marie. Cette dévotion particulière de Louis s'augmenta beaucoup par la vue d'une image miraculeuse de la Mère de Dieu et par la lecture d'un livre du Père Gaspard Loarte, de la compagnie de Jésus, sur les mystères du Rosaire. Un jour qu'il lisait cet ouvrage, il se sentit un vif désir de faire quelque chose qui pût plaire à la sainte Vierge, et il pensa qu'il serait très-agréable à cette reine du ciel, si pour imiter, autant qu'il pourrait, sa pureté, il lui consacrait, par vœu, sa virginité. Se trouvant donc un jour en prière devant l'image miraculeuse, il fit à Dieu, en l'honneur de la sainte Vierge, le vœu de chasteté perpétuelle.

Il garda toute sa vie ce vœu si exactement, et

avec tant de perfection qu'il est aisé d'en conclure combien cette offrande avait été agréable au Seigneur, et avec quelle singulière affection la sainte Vierge avait pris Louis sous sa protection. C'est par cette raison que ceux qui ont le mieux connu son intérieur, et particulièrement le cardinal Bellarmin, ont assuré, même avec serment, que ce saint jeune homme, pendant tout le temps de sa vie, n'éprouva jamais aucune révolte de la chair, que jamais il ne fut sujet à aucune pensée ni imagination contraire au vœu qu'il avait fait. Un pareil privilége est si fort au-dessus des forces et de l'industrie humaines qu'on ne peut douter un moment que ce ne fût une grâce accordée par l'intercession de la sainte Vierge. Il est vrai que, de son côté, Louis fit ce qu'il put pour coopérer à la conservation de cette insigne faveur. Quoiqu'il n'éprouvât en ce genre aucune difficulté, cependant la grande affection qu'il avait pour la vertu de pureté fit que dès ce temps il s'adonna à une grande vigilance sur lui-même et sur ses sens, et particulièrement sur ses yeux, ne les fixant jamais sur aucun objet qui pût lui causer la moindre inquiétude. C'est pour cette raison qu'en marchant dans les rues, il les tenait toujours baissés.

Ce fut à Florence qu'il commença à se confesser plus souvent qu'il ne faisait à Châtillon. Le Père Delatour, alors recteur du collége de la compagnie de Jésus, lui avait été assigné pour confesseur. Dès la première confession qu'il lui fit, il s'y prépara avec autant de douleur et de confusion que s'il eût été le plus grand pécheur du monde. A peine se fut-il mis à genoux qu'il lui prit une faiblesse ; son gouverneur vint à son secours et le reconduisit chez lui. Retournant une seconde fois à ce même confesseur, il fit une revue générale de tous ses péchés ; et on a ouï dire depuis qu'à Florence il avait fait une confession générale de toute sa vie, dont il avait été fort consolé.

Il apprit là à se mieux connaître et à démêler

les mouvements de son cœur. La première chose qu'il remarqua fut qu'il n'avait point encore assez amorti le feu de la colère : quoiqu'il en fût assez maître pour n'en rien laisser paraître au dehors, il ne laissait pas de sentir une certaine émotion qui altérait un peu la paix de son âme. Il se mit donc devant les yeux combien la colère est un vice honteux, et combien il est déplorable de se mettre dans un état où l'on ne peut répondre de soi. Frappé de cette considération, il extirpa si bien tous les germes de ce vice que jamais depuis, quoique naturellement prompt et bouillant, il ne laissa apercevoir en lui les moindres traces d'impatience ou de vivacité.

Il observa encore que, dans la conversation, il lui échappait certains mots contre le prochain, quoique en matière très-légère, mais dont l'exacte charité pouvait être blessée. Il en fut si mortifié que, pour n'avoir plus à se reprocher de semblables fautes, il résolut de fuir la conversation de toutes sortes de personnes, même de ses meilleurs amis, aimant mieux vivre seul et retiré que de rien dire ou entendre qui pût blesser la pureté de sa conscience.

Il y avait deux ans que Louis était à Florence lorsque le marquis, ayant été fait par le duc de Mantoue gouverneur de Monferrat, voulut que ses deux enfants vinssent se fixer à la cour de son bienfaiteur, qui était en même temps le chef de sa famille. Ce fut là que voyant de plus près les grandeurs humaines, le jeune Louis sentit croître le mépris qu'il en avait, et une maladie, dont il fut alors attaqué, lui fournit l'occasion de rompre les restes de liens qui le retenaient encore dans le monde. Les médecins furent d'avis qu'il consumât par la diète les humeurs qu'on croyait être la cause de son mal. Louis s'astreignit avec tant de rigueur à cette diète qu'il est surprenant qu'il n'en mourût pas. Il la continua dans la suite, et ce ne fut plus par l'avis de médecins, ou par raison de santé, comme on le croyait, mais par dévotion, par mortification. Si un pareil remède lui enleva sa maladie, il fut, d'un autre côté, très-nuisible à son estomac, qui s'affaiblit au point de ne pouvoir plus prendre ou retenir la nourriture. Ainsi, de l'embonpoint qu'il avait toujours eu, il passa à une maigreur excessive, et, quoique d'une bonne complexion, on le vit peu à peu tomber dans une extrême langueur. Mais l'avantage spirituel qu'il en retira, c'est que son état lui servit d'excuse pour éviter plusieurs amusements auxquels il aurait été obligé de se prêter si sa santé lui eût permis d'accompagner partout le duc de Mantoue, comme sa naissance lui en faisait un devoir.

Ce fut à Mantoue que Louis, âgé de onze ans seulement, prit la ferme détermination de renoncer à son droit d'aînesse et d'embrasser l'état ecclésiastique, non assurément pour arriver aux dignités de l'Église, qu'il refusa toujours, mais seulement pour pouvoir, dans un état qui le mettait hors du monde, s'employer avec plus de liberté au service de Dieu. Dans cette résolution, il pria son père, sans lui rien dire de son projet, de le retirer de la cour, alléguant la faiblesse de sa santé et le désir qu'il avait de s'adonner plus sérieusement à ses études. En effet, le marquis fit revenir Louis à Châtillon, dans l'espérance que l'air natal, joint aux soins de sa mère, lui rendrait la santé pour peu qu'il voulût relâcher de la rigueur du régime qu'il gardait à Mantoue; mais Louis, moins jaloux de la santé de son corps que de celle de son âme, ne voulut rien changer dans sa manière de vivre. A son extrême abstinence, il joignit une plus grande solitude, pour avoir plus de temps à donner à ses exercices de piété

II.

A mesure que Louis se détachait davantage du monde pour s'unir à Dieu, le Seigneur, rémunérateur magnifique de ceux qui le servent, se plut à faire connaître combien il agréait la pieuse et dévote affection avec laquelle le servait un enfant de douze ans seulement. Il n'avait eu jusque-là ni leçons ni pratique de l'oraison mentale et de la contemplation ; le Seigneur voulut bien être son maître. Trouvant cette âme innocente bien disposée, il éclaira son esprit d'une lumière surnaturelle, et lui enseigna une façon de méditer et de contempler ses grandeurs, au-dessus de tout ce que peut faire l'industrie humaine.

Louis voyant que le Seigneur miséricordieux lui avait ouvert cette porte, et lui fournissait des moyens abondants de nourrir son âme, donnait presque tout son temps à la méditation des sacrés mystères de notre rédemption, avec un goût et une satisfaction intérieure si sensibles que la douceur que son âme éprouvait lui faisait répandre des torrents de larmes, dont il baignait ses habits et mouillait jusqu'au pavé de sa chambre. C'est pour cette raison qu'il aimait la solitude et craignait d'en sortir, de peur de perdre quelque chose des sentiments affectueux de sa dévotion. ou qu'on n'eût quelque indice de ses larmes. Ceux qui le servaient, s'en étant aperçus, se plaisaient à l'épier par les fentes des portes, et s'étonnaient de le voir des heures entières prosterné devant un Crucifix, les bras tantôt étendus, tantôt croisés sur la poitrine, et les yeux fixés sur le crucifix, et faisant entendre au loin des soupirs et des sanglots. On le voyait ensuite comme en extase, si immobile qu'il n'avait pas plus de mouvement qu'une statue. Il se trouvait tellement absorbé en Dieu que son gouverneur et ses valets de chambre, qui l'ont raconté, traversaient sa chambre et faisaient du bruit sans qu'il s'en aperçût. Ces grâces extraordinaires ayant transpiré, plusieurs personnes qui n'étaient pas à son service eurent la curiosité de le voir dans ses saints ravissements, et en furent dans l'admiration.

Louis n'eut donc d'autre maître dans l'exercice de l'oraison que l'onction de l'Esprit saint. Mais quoiqu'il sût méditer, il ne savait pas mettre d'ordre dans ses méditations, ni en choisir les matières. Le hasard lui procura un petit livre du Père Pierre Canisius, de la compagnie de

Jésus, où se trouvait les points de méditation mis en ordre. Ce livre non-seulement servit à le confirmer dans la résolution de faire oraison, mais il apprit encore la méthode qu'il devait y tenir et le temps qu'il devait y employer.

Ce fut ce même petit livre et les lettres écrites des Indes qui l'affectionnèrent, comme il le racontait lui-même, à la compagnie de Jésus : le livre, parce qu'il en goûtait très-fort la méthode, et plus encore l'esprit de piété avec lequel il était écrit; les lettres, parce qu'elles lui apprenaient les travaux et les bonnes œuvres auxquelles les Pères de la compagnie se livaient dans les Indes pour la conversion des gentils; ce qui faisait aussi naître en lui le désir d'employer sa vie à de pareilles œuvres, pour concourir au salut des âmes qu'il cherchait déjà, malgré la faiblesse de son âge, à aider. Dans cette intention, il assistait les dimanches et fêtes au catéchisme, et il se faisait ensuite un devoir d'enseigner aux autres enfants la doctrine chrétienne, et ce qui regarde la foi et les bonnes mœurs. Il remplissait cette fonction avec tant de modestie et d'humilité à l'égard de ses vassaux, et surtout des pauvres, qu'il inspirait la dévotion à tous ceux qui en étaient témoins.

De plus, s'il apprenait qu'il y eût quelque différend parmi les domestiques de sa cour, il s'appliquait à les réconcilier. S'il entendait quelqu'un prononcer des paroles ou peu chrétiennes, ou peu modestes, il le reprenait.

S'il venait à sa connaissance qu'il y eût dans ses terres quelque personne de mauvaise vie, il l'avertissait d'abord avec douceur, et faisait tous ses efforts pour la porter à se corriger. Jamais il ne put souffrir que Dieu fût offensé en sa présence. Tous ses discours roulaient sur des choses de piété. Ayant un jour accompagné la marquise sa mère à Tortone, pour faire une visite à la duchesse de Lorraine, les courtisans et la princesse furent si émerveillés des pieuses conversations de Louis qu'ils disaient que qui l'aurait entendu sans le voir aurait sûrement cru que c'était un vieillard consommé et non un enfant qui parlait de Dieu avec tant d'onction et d'autorité.

Cela se passait en 1580, temps où le saint cardinal Borromée, archevêque de Milan, vint à Châtillon. Il admira la pureté de sa vie, la maturité de son jugement, et les grandes lumières que le Seigneur lui donnait sur les choses célestes ; non-seulement il l'exhorta à faire sa première communion, mais il voulut le communier lui-même pour la première fois ; ensuite il lui recommanda la communion fréquente, lui traçant, dans une courte instruction, la conduite qu'il pouvait tenir pour se bien préparer à puiser dans cette source de grâces. Depuis ce temps, les communions de Louis devinrent fréquentes. Il serait difficile de se figurer quelle préparation il apportait pour recevoir dignement ce grand sacrement : Il la commençait par un examen exact et détaillé de sa conduite, pour voir s'il y trouvait quelque cho se qui pût déplaire aux yeux du divin hôte qu'il attendait ; ensuite il se confessait, et sa confession était ordinairement accompagnée de tant de larmes que son confesseur ne pouvait être qu'infiniment édifié. D'ailleurs ses fautes, qu'il pleurait si amèrement, étaient moins des fautes d'action que d'omission, parce qu'il ne croyait jamais avoir fait une action d'une manière proportionnée aux lumières que Dieu lui donnait pour s'avancer dans une plus grande perfection.

Pendant que le marquis continuait sa demeure à Casal, résidence ordinaire des gouverneurs du Montferrat, on lui écrivit de Châtillon que, quoique son fils fût guéri, comme on le croyait, de sa première indisposition, il s'était si fort affaibli par ses abstinences excessives, qu'à peine pouvait-il prendre la moindre nourriture, et que, ne faisant rien pour remédier à ce mal, on ne le voyait point diminuer. Le marquis qui avait fort à cœur la vie et la santé de son fils, se flatta que s'il l'avait auprès de lui, il pourrait soulager son indisposition, ou du moins en empêcher les progrès. Il ordonna donc que Louis et son frère Rodolphe vinssent le trouver : ainsi ils partirent de Châtillon, sur la fin de l'année 1580, pour se rendre à Casal.

Le jeune Louis passa plus de six mois à Casal. Aux progrès qu'il y fit dans la langue latine on doit ajouter ceux qu'il fit encore, et bien plus considérables, dans la vie intérieure. Il acquit de plus abondantes lumières pour s'avancer dans les voies de Dieu : sa fidèle correspondance aux grâces le disposait tous les jours à en recevoir de nouvelles. Dieu s'insinuait de plus en plus dans son âme par de nouvelles inspirations, le portait à des désirs d'une plus haute perfection, et le détachait de plus en plus de toutes les choses d'ici-bas.

En vain le marquis chercha-t-il à le distraire, en lui fournissant plusieurs occasions de divertissement et de dissipation ; jamais il ne fut possible de lui faire abandonner ses exercices spirituels. Sa récréation était d'aller à une église de la sainte Vierge, célèbre par le concours et la dévotion des peuples, et d'y approcher des sacrements. Quelquefois il allait s'entretenir avec les Pères capucins, ou avec les Pères barnabites. Il trouvait tant de plaisir à ces pieux entretiens qu'il ne les quittait jamais sans se faire beaucoup de violence. Il était surtout frappé de la joie qu'il voyait dans ces religieux, de leur détachement des choses de la terre, de l'ordre qui régnait dans leurs prières et dans leurs offices, du mépris qu'ils faisaient de la vie, et du désir qu'ils avaient de mourir. Tout cela lui faisait naître l'envie d'embrasser un pareil état.

Enfin, après avoir fait à Dieu bien des prières, et plusieurs ferventes communions, persuadé que Dieu l'appelait à quitter tout à fait le monde, il résolut d'entrer dans un ordre dans lequel il eût non-seulement le vœu de chasteté à garder, mais encore ceux d'obéissance et de pauvreté évangélique.

Comme il n'avait pas encore treize ans accomplis, et qu'il ne pouvait point encore exécuter son projet, il ne voulut se décider pour aucun ordre religieux en particulier, ni faire part de sa résolution à personne. Mais il commença à mener, au milieu du monde, la vie d'un religieux très-mortifié.

Quand le marquis eut fini le temps de son gouvernement du Montferrat, il revint à Châtillon avec toute sa famille. Louis continua les exercices de son austère pénitence, il les augmenta même au point qu'on était surpris qu'il ne contractât pas quelque grande infirmité qui achevât de l'abattre, et que ses parents, témoins de tout cela, ne songeassent pas à y mettre ordre et à le modérer. Il s'imposa plusieurs jeûnes dans la semaine, savoir : le samedi, à l'honneur de la sainte Vierge, et le vendredi, au pain et à l'eau, en mémoire de la passion du Sauveur. Ces jours là, il ne prenait pour son dîner que trois tranches de pain bien légères, trempées dans de l'eau, et rien de plus ; le soir, une tranche de pain rôti, aussi trempée dans l'eau, était toute sa collation. Les mercredis, s'il ne jeûnait pas au pain et à l'eau, il suivait au moins la pratique de l'Église. Outre ces trois jours de jeûne, il en avait encore d'extraordinaires, selon que l'occasion ou la dévotion les lui inspirait.

Il avait encore coutume de choisir à table, par préférence, les mets qui lui semblaient les moins bons, et, après en avoir un peu goûté, il les laissait sans toucher aux autres.

A de si rigoureuses abstinences il joignait bien d'autres austérités. Il n'était pas rare de trouver, en faisant son lit, des instruments de pénitence cachés sous les oreillers.

Sa faveur ne se bornait point à ces mortifications corporelles ; il s'appliquait aussi aux exercices spirituels, et surtout à l'oraison. A son lever, il en faisait une heure, qu'il mesurait plus sur sa ferveur et sa dévotion que sur sa montre. Il récitait ensuite ses prières vocales accoutumées; il entendait une messe, et quelquefois plusieurs; souvent il les servait avec un goût et une satisfaction sensibles. Il assistait aux offices divins chez les religieux du lieu où il se trouvait, et les édifiait par son exemple. Le reste du temps il se tenait ordinairement renfermé, lisant et méditant quelques livres spirituels. Le soir, sa coutume était, avant que de se mettre au lit, de passer une heure en oraison, quelquefois deux.

Il ne se contentait pas de l'oraison du matin et du soir; il en faisait encore une la nuit. Sortant de son lit, tandis que tout le monde reposait, il se tenait à genoux, en chemise, au milieu de sa chambre, passait une bonne partie de la nuit en contemplation. Cela lui arrivait non-seulement pendant l'été, mais encore au plus fort de l'hiver, qui, dans la Lombardie, est très-rude et très-piquant. Transi de froid, il tremblait des pieds jusqu'à la tête, de façon que son recueillement en était troublé; mais, s'imaginant que ce trouble était une imperfection, il résolut de la vaincre, et se fit à cet effet tant de violence que, presque privé du sentiment, il ne s'apercevait plus du froid. Il est cependant vrai que son corps demeurait si abandonné des esprits vitaux, et si affaibli, que n'ayant pas la force de rester à genoux, et ne voulant pas s'asseoir ni s'appuyer, il tombait sur le plancher de sa chambre, et, ainsi prosterné, il continuait sa méditation.

Comme il avait souvent éprouvé la protection particulière de Dieu sur lui pour des choses qui le touchaient personnellement, ou qui intéressaient sa famille, il avait en toute occasion recours à la prière, remettant le tout entre les mains de Dieu, et le conjurant, lui à qui tout est connu, de vouloir bien conduire les choses selon qu'il jugeait être le mieux. Son espérance ne fut jamais trompée, il en racontait lui-même une preuve qui tient du merveilleux : « Je n'ai jamais recommandé d'affaire à Dieu, disait-il, grande ou petite, qui n'ait été terminée comme je l'avais souhaité, quoique ce que je demandais eût de grandes difficultés et parût, au jugement des autres, absolument désespéré.

Dans l'automne de l'an 1581, Marie d'Autriche, fille de l'empereur Charles V et femme de l'empereur Maximilien II, passa par l'Italie pour aller en Espagne auprès de Philippe II, son frère. L'impératrice ayant désiré que le marquis et la marquise l'accompagnassent dans ce voyage, ils menèrent avec eux trois de leurs enfants, Louis, Rodolphe, et une fille nommée Isabelle. Louis avait alors treize ans et demi. Dans ce voyage d'Italie en Espagne, il fit régulièrement ses méditations accoutumées, et ne relâcha rien de sa ferveur. Par mer comme par terre, son esprit était toujours occupé de Dieu. Un jour il entendit dire, sur la galère qu'il montait, qu'on avait à craindre d'être pris par les Turcs; il s'écria : Plût au ciel que nous eussions l'occasion de souffrir le martyre ! »

Arrivés à la cour, Louis et son frère furent nommés pages d'honneur du prince don Jacques, fils du roi Philippe II. Pendant que Louis fut en Espagne (il y fut plus de deux ans), il s'appliqua à l'étude des belles-lettres.

Un prêtre fort savant lui enseignait la logique. Un mathématicien du roi lui enseignait la sphère. L'après-dînée, il prenait des leçons de philosophie et de théologie naturelle. Il fit de si grands progrès dans toutes les sciences qu'à son retour d'Espagne, passant par Alcala, et se trouvant à une thèse de théologie à laquelle présidait le Père Gabriel Vasquiez (qui fut dans la suite son professeur de théologie au collége Romain), invité à argumenter, il s'en acquitta, malgré sa jeunesse, d'une façon à étonner les auditeurs.

Le saint jeune homme s'aperçut que ses devoirs de cœur et ses études l'empêchaient de vaquer comme il le souhaitait à ses exercices spirituels. Dans les commencements, il ne trouvait même pas le temps pour faire ses oraisons ordinaires et fréquenter les sacrements, selon sa coutume, d'où il arrivait que l'ardent désir qu'il avait d'abandonner le monde semblait, comme sa ferveur, se refroidir. Il résolut donc, aidé de la grâce divine, de ne point se rendre esclave du respect humain, et de mener à la cour une vie sainte et religieuse, et communia fréquemment.

Sa modestie dans les rues était si parfaite qu'il n'y levait jamais les yeux; ses discours avec les seigneurs de la cour étaient graves et religieux. Quand on le voyait arriver, chacun se composait. Ils savaient que, soit par badinage, soit autrement, on ne pouvait rien dire en sa présence qui ne fût décent; aussi avaient-ils coutume de dire de lui, et ce mot avait passé en proverbe, que le petit marquis de Châtillon n'était pas un composé de chair.

Gonzague.

Un an et demi s'était écoulé depuis que Louis était en Espagne. L'esprit divin qui le gouvernait, l'attirait tous les jours à lui de plus en plus. Il crut qu'enfin le temps était venu d'entrer dans quelque ordre religieux, comme il l'avait résolu étant encore en Italie. Avant de fixer son choix, il redoubla ses prières, conjurant le Seigneur de vouloir bien l'éclairer dans une affaire si importante. Enfin, après une mûre délibération et de ferventes prières, il se décida pour la compagnie de Jésus et résolut de s'y consacrer au service du prochain, persuadé que c'était là que Dieu l'appelait, d'autant plus que son institut était tout à fait conforme à ses vues.

Louis fit part de son dessein à la marquise sa mère. Cette nouvelle lui fit tant de plaisir qu'elle en remercia Dieu et, comme Anne, mère de Samuel, elle lui offrit de grand cœur ce cher fils. Pour le marquis, dès qu'il connut la pensée de son fils, il se mit en grande colère, et, après lui avoir parlé avec beaucoup de dureté, il le chassa de sa présence, le menaçant de le faire maltraiter de coups. Louis répondit humblement à cette menace : Que je serais heureux si j'avais à souffrir quelque chose pour Dieu ! » Et il se retira.

Néanmoins, s'étant calmé peu à peu, le marquis envoya Louis avec son frère Rodolphe rendre visite, de sa part, à tous les princes d'Italie. Son but était de lui faire perdre l'idée de se faire religieux. Louis partit donc avec son frère et un nombreux cortége, et vit tous les princes d'Italie. Rodolphe marchait avec toute la pompe qui convenait à sa naissance ; mais Louis n'avait qu'un habit de serge noire, et jamais il ne consentit à rien porter qui sentit la vanité. Pendant cette tournée, Louis continua ses jeûnes, et ne négligea aucun de ses exercices accoutumés. Arrivé aux auberges, il se retirait dans une chambre particulière, et commençait par examiner s'il y trouverait quelque image du Sauveur crucifié ; s'il n'en trouvait point, il formait sur du papier une croix, devant laquelle il passait plusieurs heures à genoux en oraison. Dans les villes où il y avait quelque maison ou collége de la compagnie de Jésus, il avait soin, après avoir rempli ses devoirs envers les princes qu'il venait visiter, de venir adorer le Saint-Sacrement dans l'église de la compagnie : après quoi il s'entretenait avec les Pères, suivant le temps qui lui restait. Dans la visite qu'il fit au duc de Savoie, il eut occasion de montrer combien il méprisait toute considération humaine lorsqu'il s'agissait de venger les bonnes mœurs. Un jour il s'entretenait dans une salle avec plusieurs jeunes seigneurs et un gentilhomme de soixante-dix ans ; ce vieillard ayant tenu quelques propos peu honnêtes, Louis, indigné, l'apostropha hardiment, et lui dit : « N'avez-vous pas honte, à votre âge, de tenir de pareils discours à ces jeunes gentilshommes? c'est un scandale et un mauvais exemple que vous leur donnez. Saint Paul nous dit que les mauvais discours corrompent les bonnes mœurs. » Après avoir ainsi parlé, il prit un livre et passa dans un autre appartement, témoignant par-là son mécontentement. Le vieillard fut humilié de la réprimande, et les autres en furent très-édifiés. Quand Louis eut terminé les visites que le marquis avait exigées, il revint à Châtillon.

Le marquis alors employa les moyens les plus puissants pour détourner Louis de l'entrée en religion ; mais ne pouvant le vaincre, il finit par reconnaître le doigt de Dieu sur cet enfant. Tout fut donc promptement disposé pour son entrée en religion, et il renonça au marquisat de Châtillon en faveur de son frère.

Pendant qu'on attendait le consentement de l'empereur pour la renonciation, le marquis eut à Milan quelques affaires importantes, qu'il ne pouvait aller terminer par lui-même à cause de ses indispositions. Il songea donc à envoyer Louis, sur la sagesse et la prudence duquel il comptait beaucoup, l'ayant déjà éprouvé ; car, l'ayant chargé de traiter certaines affaires avec différents princes, il les lui avait toujours vu terminer à sa satisfaction. Louis partit donc pour obéir à son père. Ces affaires le retinrent huit à neuf mois à Milan. Il les traita toutes avec tant d'adresse et de prudence qu'il en vint à bout au gré du marquis.

Ce temps ne fut pas perdu pour Louis. Il avait étudié en Espagne la logique, il voulut prendre une teinture de physique au collége de Milan, où les Jésuites enseignaient. Comme il avait l'esprit excellent, il fit de merveilleux progrès. Tous les matins il se trouvait aux leçons ; et, quand les affaires l'en empêchaient, il faisait prendre la leçon par quelqu'un et l'étudiait ensuite en son particulier. Il ne manquait aucune des disputes académiques, argumentant et soutenant à son tour, comme tous les autres écoliers, sans vouloir qu'on fît pour lui aucune distinction. Quoique la subtilité de son esprit perçât dans tout ce qu'il disait, il parlait cependant avec tant de circonspection que, de l'avis de ses maîtres, on ne l'entendit jamais prononcer une parole qui ne fût à sa place ; ou qui sentit le jeune homme. Il ne se borna point à l'étude de la physique, il y ajouta celle des mathématiques, qu'on enseignait au même collége.

III

Louis entrait dans sa dix-huitième année. La réponse de l'empereur et son agrément pour la cession du marquisat étant arrivés, il s'attendait d'un jour à l'autre que son père le rappellerait à Châtillon, et qu'enfin, dégagé des liens du siècle, il pouvait prendre son vol vers la sainte religion ; mais une nouvelle tempête faillit le rejeter du port en pleine mer. Le marquis s'imagina que Louis, fatigué des délais et des oppositions qu'il éprouvait, ou ébranlé par la tendresse de sa famille et par d'autres motifs humains, pourrait bien n'avoir plus la même fermeté dans ses résolutions ; sur quoi il résolut de se rendre à Milan, et de faire de nouveaux efforts, tant par lui-même que par d'autres personnes, afin de se convaincre si véritablement c'était la volonté de Dieu ou non que ce jeune homme fût si constant dans sa résolution.

Arrivé à Milan, sans être attendu par Louis, le marquis commença par lui demander quelle était sa détermination ; mais, le trouvant toujours également ferme et décidé, il en fut vivement pénétré. Après lui avoir témoigné sa peine et son mécontentement, il prit le ton de la tendresse et de l'amitié ; il lui remontra qu'il n'était pas assez mauvais chrétien pour offenser Dieu en s'opposant à sa volonté ; mais que la raison lui faisait craindre qu'il n'y eût plus d'amour-propre dans son dessein que de vocation divine, parce que les égards qu'on doit avoir pour un père semblaient lui dicter de faire tout le contraire de ce qu'il méditait. Que ne lui dit-il pas pour lui persuader qu'en cela il n'était conduit que par l'affection qu'il lui portait! Il lui représenta que son entrée en religion serait infailliblement la ruine de sa maison, qu'avec un caractère aussi ferme que le sien il n'avait pas à craindre de se perdre dans le monde; qu'il y trouverait toute facilité pour mener une vie chrétienne et religieuse, et de plus pour affermir dans la piété, par ses bons exemples, les vassaux que Dieu lui avait donnés ; que, par cette route enfin, il pouvait sûrement arriver au ciel. Il lui rappela encore l'affection qu'on lui portait, le respect qu'on avait pour lui; qu'il n'y avait personne qui ne désirât de vivre sous son gouvernement; que, par sa sage conduite, il avait gagné l'amitié des princes avec lesquels il avait eu à traiter; que depuis longtemps il était généralement estimé. Il lui dépeignit le caractère de son cadet, à qui il voulait remettre ses Etats; que, quoique le jeune prince eût de l'esprit, et semblât beaucoup promettre, cependant sa grande vivacité et son peu d'expérience faisaient craindre, avec raison, qu'il ne fût bien moins propre que lui au gouvernement.

« Enfin, ajouta-t-il, tu me vois infirme et en proie à des douleurs de goutte qui me dévorent ; à peine puis-je me soutenir : j'ai besoin d'être déchargé des sollicitudes du gouvernement. Tu pourrais, dès ce moment, me délivrer de ce fardeau ; au contraire, si tu entres en religion, si tu m'abandonnes, il peut arriver des affaires importantes auxquelles je ne pourrai vaquer, et, ainsi accablé d'ennuis et de douleurs, je succomberai, et tu seras cause de ma mort. » Il dit encore bien d'autres choses propres à exprimer sa douleur et sa tendresse, et finit par verser un torrent de larmes.

Louis, après avoir entendu tout ce qu'il plut au marquis de lui dire, le remercia humblement de la tendresse qu'il lui montrait; puis il lui répondit qu'il avait tout bien examiné, qu'il savait tout ce que le devoir exigeait de lui; que, s'il ne se croyait pas appelé de Dieu même à un autre genre de vie, il serait coupable de se refuser aux demandes d'un père, à qui, après Dieu, il avait tant d'obligations; que, puisque ce n'était point par caprice qu'il voulait entrer en religion, mais uniquement pour obéir à Dieu, qui l'appelait à son service, il avait tout lieu d'espérer que ce Dieu, qui voit tout et qui peut tout, ordonnerait toutes choses selon son plaisir, et pour le plus grand avantage de sa maison, et qu'il ne pouvait attendre autre chose de sa divine bonté.

Le marquis, voyant que Louis persistait à se croire appelé de Dieu à l'état religieux, et que sa détermination ne portait que sur cette persuasion, n'oublia rien pour la lui ôter. Il se flatta d'y réussir par le moyen de différentes personnes, tant séculières qu'ecclésiastiques, qu'il chargea d'examiner la vocation de son fils. Chacun fit son possible. On exagéra à Louis les rigueurs de la vie qu'il voulait embrasser ; mais il n'en fut point épouvanté. Ces nouveaux assauts n'aboutirent qu'à faire admirer sa fermeté ; et tous les examinateurs attestèrent au marquis que la vocation de Louis venait de Dieu, ajoutant mille choses à sa louange. Le marquis, ne recevant que des relations uniformes, mais absolument opposées à ses desseins, fit une dernière tentative. Sous prétexte de se bien convaincre que la vocation de Louis venait de Dieu, il se fit porter un jour à l'église de la compagnie, et, ayant demandé le Père Gagliardi, qui jouissait de la plus grande réputation, il lui proposa ce qui regardait son fils comme la chose du monde la plus intéressante pour lui, puisqu'il s'agissait de faire le sacrifice de son fils, son aîné, et d'un fils tel que Louis, assurant le Père qu'il s'en remettrait absolument à sa décision ; mais qu'il le priait d'avoir la bonté de l'examiner en sa présence, de lui proposer ce qu'il croirait le plus propre à le faire changer de résolution, et de lui exposer ses difficultés avec toute l'énergie dont il était capable, promettant qu'après cette dernière tentative il consentirait à tout ce que son fils désirerait.

Le Père, pour ne point désobliger le prince, se chargea de la commission. Louis étant venu le voir, il l'examina scrupuleusement pendant une heure entière : il lui fit les plus fortes objections, et n'omit rien pour bien connaître quel esprit conduisait Louis, et si sa vocation à la compagnie venait effectivement de Dieu. Comme le Père proposait ses difficultés en homme qui semblait persuadé de tout ce qu'il objectait, Louis s'imagina d'abord que ce Père croyait les choses comme il le disait, personne ne lui ayant parlé d'une manière si persuasive; mais la réputation de ce Père et le respect que Louis avait pour lui dissipèrent bientôt ses préventions et l'encouragèrent à lui répondre; il le fit avec tant de présence d'esprit, opposa de si bonnes raisons aux doutes que le Père lui avait exposés, appuyant même ses raisons de l'autorité de l'Ecriture, des docteurs et des Pères, que le Père Gagliardi fut non-seulement édifié de ses réponses, mais encore enchanté de voir un jeune homme aussi ferme dans sa vocation, et déjà si bien instruit de l'Ecriture et des Pères; il crut même que Louis avait lu ce que dit saint Thomas, dans sa Somme, sur l'état religieux, tant il trouvait ses réponses conformes aux écrits de ce saint docteur. Ne pouvant donc plus revenir de sa surprise, il s'écria : « Seigneur Louis, vous avez sûrement raison; les choses sont comme vous le dites, on ne saurait en douter, et je suis aussi édifié que convaincu de la solidité de vos réponses. » Ces paroles consolèrent Louis; il reconnut alors que ce Père pensait comme lui, et que le personnage qu'il venait de jouer n'avait été que pour l'éprouver.

Le marquis, ayant fait retirer un moment son fils, avoua qu'il était lui-même convaincu que sa vocation ne pouvait venir que de Dieu. Il se mit à raconter au Père la vie que Louis avait menée dès sa plus tendre jeunesse, l'assura qu'il ne s'opposait plus à son entrée en religion. Peu de jours après, le marquis partit pour Châtillon, et laissa Louis à Milan pour finir une affaire après laquelle il devait venir à Châtillon mettre la dernière main à sa renonciation au marquisat. Louis fit son possible pour terminer promptement l'affaire qui le retenait à Milan, tant il était empressé de quitter le monde et de se mettre à l'abri de ses dangers.

De retour à Châtillon, Louis s'appliqua particulièrement à former à la piété ses jeunes frères. Entre ses frères, celui pour lequel il montrait plus de tendresse était François, peut-être parce que sa grande jeunesse le rendait plus capable d'instruction, ou parce qu'il montrait un jugement plus solide, ou enfin parce que Louis prévoyait quel honneur il ferait un jour à sa famille. En effet, la marquise sa mère avait coutume de raconter qu'un jour François, encore enfant, se divertissant avec les pages de la maison, elle l'entendit crier. Louis se trouvant alors avec elle à la porte de sa chambre, elle lui dit : « J'ai peur qu'on fasse mal à cet enfant; » et Louis répondit: « Soyez tranquille, madame, François saura bien se défendre; » puis il ajouta : « Souvenez-vous de ce que je vous dis, François sera le soutien de notre maison. » La marquise n'oublia jamais ces paroles. Tout le monde sait combien parfaitement elles se sont vérifiées. Cette prédiction ne fut pas la seule que fit Louis ; encore séculier, il annonça à plusieurs de ses vassaux des choses qui, dans la suite, arrivèrent précisément comme il les avait prédites.

Depuis plusieurs jours Louis était à Châtillon, et le marquis ne lui disait mot de l'affaire qui l'intéressait le plus. Impatient de la voir finir, Louis résolut de lui en parler. Il lui rappela donc, avec tous les égards convenables, qu'il croyait toucher au moment de voir enfin ses désirs accomplis. Mais il fut bien étonné de voir que le marquis, prenant tout à coup un air extraordinaire de hauteur et d'autorité, lui dit ces paroles:

« Vous vous êtes trompé, mon fils, quand vous
» vous êtes imaginé que je consentirais au choix
» que vous faites ; on y pensera quand vous au-
» rez vingt-cinq ans ; néanmoins, s'il vous plaît
» de partir à présent, vous en êtes bien le maître,
» mais, si vous le faites, ne vous regardez plus
» comme mon fils. »

Cette déclaration fut un coup de foudre pour Louis, et il en fut d'autant plus accablé que le marquis ne lui donna pas le temps de consulter le Père général ; de sorte que pressé de prendre son parti sur plusieurs propositions qu'on lui fit, il crut que le moins mauvais dans la conjecture où il se trouvait, était de consentir à attendre un certain temps, qu'on lui marquait, pour exécuter son dessein, à condition toutefois qu'il passerait ce temps-là à Rome, et qu'on donnerait dès-lors parole au Père général de n'apporter plus d'obstacle à sa réception, quand il aurait subi cette dernière épreuve. Le marquis s'irrita d'abord de ces conditions, et les rejeta comme absolument contraires à ses volontés ; mais Louis, animé d'une sainte hardiesse, déclara à son père que rien au monde ne l'obligerait à passer ses jours dans le siècle, et que si, à l'expiration du terme on avait encore assez de crédit pour empêcher les jésuites de le recevoir, il se réduirait plutôt à vivre errant par toute la terre qu'à jouir d'une fortune à laquelle il était convaincu que Dieu voulait qu'il renonçât.

Ces paroles, dites avec une liberté qu'il n'avait pas coutume de prendre, frappèrent le marquis. Vaincu par la constance de Louis et par la justice de sa cause, craignant d'ailleurs de l'aigrir à l'excès, et de le porter à quelque résolution qui lui déplairait encore davantage, il se laissa fléchir, et consentit à ce qu'on lui demandait. Louis l'écrivit sur le champ au Père général, et lui détailla les raisons qui l'avaient forcé de proposer ce parti à son père; il finissait sa lettre en lui témoignant combien il souffrait des retardements que l'on mettait à la chose du monde qu'il désirait le plus.

Louis passa ce jour et les suivants dans l'affliction : il déplorait amèrement sa disgrâce d'être né d'une famille si noble, et fils aîné ; il portait envie à ceux qui, étant d'une moindre naissance, n'éprouvaient pas tant d'opposition à se consacrer à Dieu dans l'état religieux. Dieu, qui console les affligés et se rend facile aux prières de ceux qui sont dans la tribulation, trouve les moyens de les consoler lorsqu'ils s'y attendent le moins, en levant tout à coup tous les obstacles. C'est ce qu'éprouva Louis. On en était à délibérer sur le lieu où il devait demeurer à Rome, lorsqu'un jour, ayant passé quatre ou cinq heures en oraison, demandant à Dieu d'abréger le temps de son exil dans un lieu où il ne le servait pas avec toute la perfection qu'il désirait, il se sentit tout d'un coup inspiré d'aller trouver son père, qui était au lit, extrêmement travaillé de la goutte et de faire un dernier effort pour le fléchir. Le saint jeune homme, ne doutant point que cette pensée ne lui vînt de Dieu, se lève sans balancer, va droit à la chambre du marquis, et d'un ton également ferme et respectueux, il lui dit : « Mon père, je me remets entre vos mains ; faites de moi ce qu'il vous plaira ; mais je vous proteste que je suis appelé à la compagnie de Jésus, et qu'en vous opposant à ma vocation, vous vous opposez à la volonté de Dieu. » Après avoir parlé ainsi, sans attendre la réponse, il se retira.

Le marquis se trouva si ému de ce discours qu'il ne put proférer une parole. Réfléchissant ensuite sur les résistances qu'il avait faites jusqu'alors à la vocation de son fils, il eut quelque scrupule d'avoir en cela offensé Dieu. D'un autre côté, vivement pénétré de ce qu'il en coûterait à son cœur pour faire le sacrifice d'un fils tel que Louis, il s'attendrit au point que, se tournant du côté de la muraille, il commença à verser des torrents de larmes ; pendant un temps assez considérable, il fit entendre ses soupirs et ses sanglots, de façon que tout son monde cherchait à savoir ce qui pouvait lui être arrivé de fâcheux. Quelque temps après, il fit appeler Louis, et lui parla ainsi : « Mon fils, vous venez de faire une plaie bien sanglante à mon cœur. Vous savez combien je vous aime : je fondais sur vous mes espérances et celles de notre maison ; mais puisque Dieu vous appelle, comme vous le dites, je ne veux plus m'y opposer. Allez, mon fils, où il vous plaira, je vous donne ma bénédiction. » Il prononça ces paroles avec une si grande tendresse de sentiments qu'il recommença de nouveau à verser des larmes en abondance, sans qu'il fût possible de le consoler. Louis, après un court remerciment, se retira, pour ne point entretenir, par sa présence, la douleur de son père. Rentré dans son appartement, qu'il ferma sur lui, il se prosterna par terre ; puis, les bras étendus, les yeux élevés au ciel, et fondant en larmes, il remercia le Seigneur de l'inspiration qu'il avait eue et du succès qui l'avait couronnée. Il s'offrit en holocauste à sa divine majesté avec tant de ferveur et de dévotion, qu'il ne pouvait cesser de le louer et de le bénir.

A peine le marquis eut-il donné à Louis la permission de suivre sa vocation que le bruit s'en répandit dans tout Châtillon. Ses vassaux, en apprenant cette nouvelle, témoignèrent leur douleur par les larmes les plus sincères ; et le peu de jours qu'il fut obligé de rester encore à Châtillon, dès qu'il se montrait au-dehors, tout le monde s'attroupait pour le voir et le saluer. Les personnes qui avaient les entrées plus libres au palais ne purent s'empêcher de lui dire les larmes aux yeux : « Seigneur Louis, pourquoi nous abandonnez-vous ? Vous avez un si bel état et des vassaux qui vous sont si dévoués ! Outre l'amour naturel qu'ils ont pour leur prince, ils en ont un tout particulier pour votre personne. Tous, tant que nous sommes, nous n'avons d'espérance qu'en vous, et au moment que nous croyions entrer sous votre gouvernement, vous nous quittez. » A quoi Louis se contentait de répondre : « Je vous dis à tous que je veux me retirer pour gagner une couronne dans le ciel. Il est difficile à un grand de la terre de se sauver. On ne saurait servir deux maîtres, Dieu et le monde. Je pense assurer mon salut; faites-en tous de même. »

Louis aurait bien souhaité de pouvoir sortir au plus tôt de la maison paternelle, pour se retirer dans la maison de Dieu, mais il fut obligé de différer encore pendant quelques semaines, soit pour attendre le retour de la marquise sa mère, qui était allée à Turin rendre visite à l'infante duchesse de Savoie, soit pour terminer l'affaire de sa renonciation, à laquelle, par ordre de l'empereur, les plus proches parents de la maison Gonzague devaient assister, parce qu'au cas que la ligne du marquis vînt à manquer d'héritiers directs, ils pouvaient avoir des prétentions à ce marquisat. Comme la plupart de ces seigneurs demeuraient à Mantoue, par égard pour eux, le marquis, quelque malade qu'il fût, s'y fit transporter. A son départ de Châtillon avec Louis, non-seulement on vit tous ceux de la cour fondre en larmes, mais encore le deuil fut universel. Partout où les voitures passaient, comme on savait que Louis ne reviendrait plus a Châtillon, on s'empressait de le voir la dernière fois. Chacun rapportait quelque trait de vertu qu'il avait admiré en lui, et tous s'accordaient à le regarder comme un saint.

Louis fut environ deux mois à Mantoue. La cause du long séjour que Louis fut obligé d'y faire vint de ce que, dans l'acte de renonciation, il avait une réserve de 400 écus à sa disposition : or, le marquis son père ayant su du recteur du collége que, chez les jésuites, on ne permettait à aucun particulier de rien garder pour son usage personnel, il ne voulut plus que Louis fit cette réserve, disant qu'il n'y avait consenti qu'autant qu'il avait cru que son fils aurait la disposition entière de la pension. Louis s'embarrassait peu de ce qu'on mettrait dans l'acte : mais quelques docteurs firent observer au marquis que, l'empereur ayant passé la renonciation avec cette charge, on ne pouvait l'anéantir sans risquer d'infirmer le reste de l'acte. Tandis qu'on s'occupait de part et d'autre de cette discussion, plusieurs jours précieux s'écoulèrent, au grand regret de Louis.

Il obtint enfin que l'acte fût dressé sans cette clause, consentant qu'on y insérât, pour sa validité, toutes les conditions qu'on voudrait. Tout le monde étant d'accord, on s'assembla, le matin du 2 novembre 1585 au palais de Saint-Sébastien, où le marquis avait son logement. Le prince don Vincent, fils du duc de Mantoue, et le seigneur Prosper Gonzague, en qualité de parents les plus proches, se trouvèrent à cette assemblée, ainsi que plusieurs autres seigneurs alliés à la famille. L'acte de renonciation fut dressé en présence de toute cette assemblée, où se trouvèrent aussi d'autres personnes et tous les témoins requis. C'est sur les rapports de ces témoins oculaires qu'on sait que, pendant tout le temps qu'on mit à dresser et à lire cet acte, le marquis, accablé de sa douleur, ne cessa de pleurer amèrement, et quand Louis fut dégagé de tous les biens terrestres, il appela dans son appartement un prêtre très-respectable qu'il avait amené de Châtillon, et lui fit bénir un habit de jésuite ; alors il se dépouilla lui-même de ses vêtements séculiers, et, s'étant revêtu de ce nouvel habit, il entra dans la salle où les seigneurs ses parents étaient à table. A ce spectacle, tous s'attendrirent jusqu'aux larmes ; le marquis surtout, malgré les efforts qu'il faisait, ne put arrêter les siennes tout le temps que dura le repas. Louis, avec une modestie pleine de satisfaction, prit de là occasion de dire un mot des périls que l'on court dans le monde, de la vanité des biens passagers de cette vie, des difficultés que rencontrent les grands et les princes à faire leur salut ; il parla avec tant de sagesse et d'autorité que tous ces seigneurs l'écoutèrent avec vénération ; et longtemps après on se rappelait encore le discours qu'il tint alors.

Le 3 novembre, Louis demanda à genoux, et avec beaucoup d'humilité au marquis son père et à la marquise sa mère leur bénédiction. On peut se figurer combien une pareille cérémonie leur dut coûter, surtout à son père. Le lendemain matin, il prit la route de Rome par Lorette.

On ne saurait exprimer les consolations que le Seigneur et la sainte Vierge lui firent éprouver dans ce lieu.

IV

Louis descendit, à Rome, chez le patriarche Scipion de Gonzague. Après un moment de repos, il alla trouver le père Claude Aquaviva, général de la compagnie, qui vint à sa rencontre dans le jardin. Louis se jeta à ses pieds, et s'offrit à lui pour son fils et son sujet. Il s'acquitta de cette cérémonie avec tant d'humilité et de dévotion qu'on eut peine à le faire relever.

Au sortir de la maison professe, Louis alla visiter les cardinaux Farnèse d'Est, de Médicis, et quelques autres que la bienséance voulait qu'il vît; puis il alla recevoir la bénédiction du pape Sixte V, et lui remit les lettre du marquis son père. Comme on n'ignorait pas à la cour de Sa Sainteté le sujet qui amenait Louis à Rome, aussitôt qu'il fut entré dans les appartements, il se vit entouré de personnes qui l'admiraient comme un prodige. Sa Sainteté lui fit plusieurs questions sur sa vocation, lui demandant particulièrement s'il avait bien pensé aux travaux de la religion; à quoi Louis répondit que depuis longtemps il avait tout considéré et tout examiné. Le Saint Père loua beaucoup sa résolution et sa ferveur, lui donna sa bénédiction, et le congédia avec des démonstrations particulières de bienveillance et d'amitié. Ceci se passa un samedi; or, soit parce que Louis avait jeûné ce jour-là sans rien prendre jusqu'à quatre heures du soir, qu'il eût eu audience, soit par quelque autre cause, à peine fût-il de retour chez lui qu'il se trouva mal. Il craignit les suites de cette incommodité; mais heureusement elle n'en eut pas.

Le dimanche suivant, il se rendit à la maison professe pour y entendre la messe et communier; ensuite, accompagné du patriarche de Gonzague, il entendit le sermon dans une tribune, à la suite duquel le Père général les invita à dîner au réfectoire avec la communauté.

Enfin, le lundi 25 novembre, jour dédié à sainte Catherine, Louis, âgé de dix-sept ans huit mois, monta au Quirinal et entra à la maison du noviciat. Il était accompagné de Scipion de Gonzague, qui lui dit la messe et le communia. Aussitôt que Louis fut entré au noviciat, il se retourna du côté de ses gens et des personnes qui étaient venues de Mantoue avec lui; il les exhorta tous à penser à leur salut, et pria son directeur de dire au marquis, de sa part, ces paroles : « Oubliez votre peuple et la maison de votre père, » voulant par là faire entendre que, dès ce moment, il oubliait et la maison paternelle, et le monde, et l'état qu'il venait de quitter. On lui demanda s'il ne faisait rien dire à son frère Rodolphe. « Dites-lui, répondit-il, ces paroles : Qui craint Dieu fait de bonnes actions; » après quoi il se retira, et ils partirent en pleurant la perte qu'ils faisaient d'un si bon maître. Louis fit ensuite d'humbles remercîments au patriarche de Gonzague, comme à celui qui avait traité l'affaire de sa vocation; il lui promit de prier le Seigneur pour lui. Ce peu de paroles attendrit tellement le patriarche qu'il ne put retenir ses larmes. Il avoua qu'il lui portait une sainte envie, et dit aux Pères, en les quittant, que ce jour ils avaient reçu parmi eux un ange envoyé du ciel.

Louis, dégagé de toutes les choses du monde, fut conduit par le maître des novices dans la chambre qu'il devait occuper pendant quelques jours de solitude. Cette espèce de retraite d'usage est ce qu'on appelle, dans la compagnie, la première probation. En y entrant, Louis crut entrer dans un paradis, et s'écria : C'est ici le lieu de mon repos éternel ; j'y demeurerai puisque je l'ai choisi. *Hæc requies mea in sæculum sæculi; hic habitabo quoniam elegi eam.* Aussitôt qu'il fut seul, il se mit à genoux, et versant des larmes de joie, il remercia Dieu de l'avoir fait sortir de l'Egypte pour le conduire dans une terre de promission, dans une terre où coulaient le miel et le lait des consolations célestes. Il s'offrit et se consacra tout entier en sacrifice à la divine Majesté, et demanda instamment la grâce d'habiter dignement dans la maison de Dieu, d'y persévérer, et d'y mourir dans son service.

Tout le temps qu'il vécut, il célébra toujours avec une dévotion particulière l'anniversaire de son entrée dans la religion, et il garda pour patronne spéciale sainte Catherine, dont on faisait ce jour-là la fête.

Parmi les vertus que Louis pratiqua à son entrée en religion, nous en remarquons particulièrement deux : la première, c'est qu'étant né prince, et d'ailleurs ayant une complexion délicate et faible, il s'accommoda cependant à la vie commune et à la discipline domestique, comme tous les autres novices; et cela sans aucun ménagement; car jamais il ne voulut profiter des petits adoucissements que les supérieurs eux-mêmes lui offrirent, surtout dans les commencements. Il s'appliquait, avec une satisfaction particulière, aux exercices domestiques les plus vils et les plus humiliants pour un homme de sa condition, comme si toute sa vie il n'avait fait que servir. La seconde chose à remarquer est qu'il se persuada que, pour être parfait religieux, on doit observer à la lettre toutes les règles de son institut, et mettre tous ses soins à s'acquitter exactement des exercices journaliers que la religion prescrit, quelque petits qu'ils puissent être. Il s'appliqua donc, avec tout le zèle possible, à garder ponctuellement toutes les règles et toutes les observances communes de la religion. C'est par une telle conduite qu'il arriva à une si haute perfection, et qu'il mérita d'être proposé comme un modèle parfait de la sainteté à laquelle doivent aspirer tous les religieux. Je m'applique à l'écrire avec exactitude, afin de leur fournir un modèle accompli jusque dans les plus petites actions.

Ce fut donc pendant son noviciat que Louis jeta les fondements solides de toutes les vertus : il passa le temps prescrit pour la première probation dans un grand recueillement, une paix parfaite et des consolations sensibles. Il lui survint, dans ce même temps, une indisposition : peut-être fut-elle occasionée par le changement d'air et de nourriture, ou plutôt par les pénitences auxquelles il s'exerça pour lors avec encore plus de ferveur, ou enfin par la contention avec laquelle il s'appliqua à l'oraison mentale. Cette indisposition obligea les supérieurs de lui abréger cette première épreuve. Ils le firent d'autant plus volontiers qu'il était entré bien instruit, ayant fait, peu de mois auparavant, les exercices spirituels à Mantoue, où on lui avait donné à lire les règles et les constitutions. Quant à sa vocation, elle avait été éprouvée par tant de contradictions, qu'il paraissait inutile de la soumettre à de nouvelles épreuves

Louis fit connaître combien il était au-dessus de tous les événements humains, en apprenant la mort du marquis son père. Cette mort arriva deux mois après son entrée dans la compagnie. Il reçut cette triste nouvelle avec une si grande tranquillité qu'on eût dit qu'il n'y prenait aucun intérêt. On l'exhorta le jour même à écrire à la marquise sa mère pour la consoler; voici comme il commença sa lettre : « Notre Père, qui êtes au ciel. » Cette conduite surprit tout le monde, et surtout ceux qui savaient quelle était la tendresse de Louis pour son père. Elle allait au point qu'il avait coutume de dire qu'après ce qu'il devait à Dieu, il n'avait rien de plus cher au monde que son père. Il avoua à un de ses amis que, s'il n'avait regardé la mort de son père qu'en elle-même, il en eût été sûrement très-affligé, mais que réfléchissant qu'elle venait de la main de Dieu, il ne pouvait s'attrister de ce qu'il savait plaire à sa divine Majesté.

Louis avait coutume de dire qu'il avait retenu cette leçon du marquis son père : que, quand une personne prend un état, elle doit le remplir le plus parfaitement qu'il lui est possible. « Puisque mon père, ajoutait-il, a mis en pratique cette leçon pour les choses du monde, n'est-il pas de mon devoir de les pratiquer moi-même, quand il s'agit des choses de Dieu. » Toute sa conduite montra combien il était pénétré de ce principe, puisqu'il s'appliqua avec toute l'ardeur possible à acquérir toutes les vertus propres de son état. Nous ne rapporterons que ce que tout le monde admirait en lui avec surprise.

Dès qu'il fut entré au noviciat, il perdit tellement la pensée de ses parents, qu'il semblait les avoir absolument oubliés. Il mortifiait son corps par de fréquentes disciplines, par des jeûnes au pain et à l'eau, et par quantité d'autres pénitences qu'il pratiquait, sans trouver jamais qu'il en fît assez. La délicatesse de son tempérament ne permettait pas de se rendre toujours facile à ses demandes. Un jour de vigile, il demanda au maître des novices la permission de jeûner au pain et à l'eau, celui-ci le lui permit ; mais s'étant aperçu qu'il n'avait presque rien mangé, il l'appela au sortir de table, et, pour le mortifier, il lui ordonna d'aller à la seconde table, et de manger tout ce qu'on lui servirait. Louis obéit ponctuellement. Après ce second dîner, quelqu'un qui s'en était aperçu, lui dit en badinant : « Cela est bien, frère Louis : oh ! la bonne invention ! manger peu à la première table, pour retourner bien manger à la seconde ! » A quoi Louis répondit en riant : « Que voulez-vous que je fasse ? Le Prophète dit : *Ut jumentum factus sum apud te* : Je suis devenu comme une bête de charge en votre présence. »

Il gardait soigneusement dans le siècle la modestie des yeux ; il porta cette vertu encore plus loin dans la religion. Les novices allaient quelquefois, dans l'année, se récréer à une maison de campagne ; Louis y était allé plusieurs fois avec les autres novices. Il arriva qu'un jour ils furent envoyés à une autre maison de campagne ; de retour à la maison, on demanda à Louis laquelle des deux maisons lui plaisait davantage. Cette demande l'étonna fort, ayant cru jusque-là avoir été à la campagne ordinaire, quoique le chemin qui y conduisait et les appartements fussent tout différents ; réfléchissant ensuite, il se souvint que, dans la dernière maison, il avait trouvé une chapelle qu'il n'avait pas vu dans la première. Depuis trois mois, il mangeait dans le réfectoire des novices, et il ne savait pas encore l'ordre des tables ; de sorte qu'un jour, étant envoyé par le Père ministre prendre un livre à la place du recteur, il fut obligé de prier quelqu'un de lui enseigner cette place. Une autre fois, après plusieurs mois de noviciat, il rapporta au maître des novices, comme un scrupule qui l'inquiétait beaucoup, que par hasard et sans le vouloir, ses regards s'étaient deux fois portés vers un de ses compagnons, qui était assis auprès de lui ; qu'il craignait que ce ne fût un acte de curiosité ; et, ce qui est encore plus surprenant, il ajouta que c'était le premier scrupule qui lui fût venu dans la compagnie en matière de regards.

On eût dit qu'il avait tout à fait perdu le sentiment du goût. Il ne trouvait aucune saveur aux mets. Que la chose fût bonne ou mauvaise, bien ou mal apprêtée, tout lui était égal ; s'il montrait quelque préférence, c'était toujours pour le plus mauvais. Tandis qu'il mangeait, son esprit était attentif à la lecture, ou occupé de quelque pieuse méditation. Le matin, il pensait au fiel dont le Sauveur fut abreuvé sur la croix, et, le soir, il méditait, sur les merveilles de la dernière cène que le Seigneur fit avec ses disciples. Son plus grand soin était de veiller sur sa langue. Si l'on ignorait quels maux elle occasione, et combien il est d'ordinaire de pécher en parlant, on accuserait Louis d'avoir porté en ceci la délicatesse au-delà des bornes. Il avait souvent pour oraison jaculatoire ces paroles du Roi Prophète : Seigneur, mettez une garde à ma bouche. *Pone, Domine, custodiam ori meo, et ostium circumstantiæ labiis meis.* Et dans la conversation, il avait coutume de dire : Celui qui ne pèche point dans ses paroles est un homme parfait : *Qui non offendit in verbo, hic perfectus est vir.*

Pour ce qui était de l'habillement, il priait instamment qu'on lui donnât ce qu'il y avait de plus usé ; et parce que le supérieur ordonna une fois qu'on lui fît une soutane neuve, il montra tant de répugnance en la prenant que le tailleur s'en aperçut, ainsi que les autres personnes présentes. Un jour qu'il rendait compte de la répugnance qu'il avait eue à ce sujet, le supérieur lui répondit qu'elle pouvait venir de l'amour-propre, et du désir de conserver une certaine réputation parmi les autres.

Ces paroles lui donnèrent occasion d'examiner pendant plusieurs jours toutes ses pensées, pour voir s'il découvrait en lui le germe de ces sentiments; mais quelque rigoureux que fût son examen, il ne put jamais s'y trouver coupable ; au contraire, il se rappela que si, au commencement de son noviciat, il lui était venu quelques pensées de complaisance, il avait, par la grâce de de Dieu, fidèlement rejeté toutes ces pensées. Cependant, pour se prémunir encore davantage contre ce sentiment subtil d'amour-propre, il prit pour sujet de toutes ses méditations, pendant plusieurs mois, l'obligation d'anéantir jusqu'au germe de sa propre estime, et d'acquérir un saint mépris de lui-même.

Après quelques mois de noviciat, on avait coutume d'envoyer à la maison professe les novices. Ils occupaient dans cette maison un logement séparé, et s'y acquittaient des exercices propres du noviciat. On donnait la qualité de chef à l'un d'entre eux. Ce chef était chargé d'avertir les autres de ce qu'ils avaient à faire. Un des plus graves Pères de la maison avait soin de les confesser, de les gouverner, et de remplir à leur égard les devoirs de maître des novices. Louis était depuis trois mois au noviciat, quand le Père recteur le nomma pour aller à la maison professe. Deux raisons lui firent recevoir cet ordre avec un grand plaisir : la première, c'est qu'il se persuadait qu'il lui serait facile de profiter des bons exemples que lui donneraient les anciens Pères, qui, après avoir passé une partie de leur vie dans le gouvernement de la compagnie et dans les saints ministères de la religion, n'avaient plus d'autres occupations que d'achever de se sanctifier eux-mêmes ; l'autre raison était la grande dévotion qu'il y avait pour le très-saint Sacrement de l'autel.

C'était pour satisfaire cette dévotion que, dans la maison paternelle, il avait autrefois montré tant d'empressement à servir la messe. Or il pensait qu'il allait faire par office ce qu'il ne faisait auparavant que par dévotion. C'est ce qui lui donna une consolation très-sensible. Cette dévotion particulière naissait en lui des nobles et grands sentiments qu'il concevait dans la communion ; ce qui ne doit pas surprendre si l'on fait attention à la pureté de son âme, et au soin qu'il apportait pour se bien préparer à recevoir son Dieu. Une communion lui servait de préparation à la suivante. Il avait tellement distribué la semaine, que les premiers jours, savoir : le lundi, le mardi et le mercredi étaient assignés à la très-sainte Trinité : il remerciait chaque personne divine du bienfait qu'il avait reçu en communiant ; et les trois autres jours, le jeudi, le vendredi et le samedi, il les offrait encore à la Trinité sainte, priant chacune de ces divines personnes de lui accorder la grâce de faire, le dimanche suivant, une sainte communion.

Louis demeura à la maison professe plus longtemps que les novices n'y demeuraient ordinairement. Tous les matins, après avoir fini son heure d'oraison, il allait à la sacristie, et n'en sortait qu'après avoir servi cinq à six messes avec sa dévotion ordinaire. Il était si complaisant pour ses confrères, et particulièrement pour ceux qui lui paraissaient plus faibles, qu'il allait prier les supérieurs d'avoir soin de leur santé, et de les empêcher de servir tant de messes. Pendant le temps qui s'écoulait entre les messes, il gardait un profond silence, et se tenait à l'écart, s'occupant à méditer, où à dire l'office de la sainte Vierge, ou à lire quelque livre spirituel. Quand il convenait de demander quelque chose au sacristain, il se présentait toujours à lui la tête découverte, les mains sur sa poitrine, et lui parlait avec tant de respect que le sacristain s'en étonnait. Aux ordres qu'il recevait de lui ou de ses aides, il obéissait comme si le Seigneur lui-même lui eût commandé la chose. Le Jeudi-Saint, le sacristain le chargea de rester au sépulcre et d'avoir soin des lumières : il y passa plusieurs heures, sans jamais porter les yeux sur l'ornement de l'autel que tout le monde venait voir par curiosité.

Quand les messes étaient finies, les novices lisaient à table et servaient à la cuisine chacun à leur tour. Louis passa, comme les autres, par ces différents emplois, et, quelque bas qu'ils fussent, il s'en acquittait comme s'ils avaient été faits pour lui. Un jour qu'il lisait, il se fit,, près du réfectoire, un bruit qui empêchait le lecteur d'être entendu de tous ; alors le novice admoniteur prit occasion de reprendre le lecteur, comme si c'était sa faute de ce que les Pères et les Frères n'entendaient point sa lecture ; il exagéra même beaucoup la perte spirituelle que chacun faisait pour voir ce que Louis répondrait. Louis, sans se justifier, fit des excuses à l'admoniteur, et promit de se corriger ; il répéta donc ce qu'il avait lu, et que le bruit avait empêché d'entendre.

Le Père Jérôme Piatti, croyant Louis trop appliqué à l'oraison et à ses autres exercices, jugea à propos, pour le distraire de cette grande application, de lui ordonner de rester le matin et le soir en récréation avec ceux qui avaient mangé à la seconde table, quoiqu'il eût mangé à la première. Le Père ministre, qui ne savait rien de cet ordre, trouvant Louis à la seconde récréation, lui donna une pénitence publique au réfectoire, pour avoir contrevenu à une règle qui commande que, hors le temps de la récréation assignée à tous, chacun garde le silence. Louis fit la pénitence sans s'excuser, et sans rien dire de l'ordre que le Père Piatti lui avait donné, et il continua, comme auparavant, à rester dans la seconde récréation. Le Père ministre qui s'en aperçut, en fut surpris, et lui donna une seconde pénitence : Louis la reçut, et s'en acquitta encore sans rien dire. Alors le Père Piatti l'appela, et lui témoigna qu'il était un peu scandalisé de ce qu'il avait eu deux pénitences pour la même faute. Il lui demanda pourquoi il n'avait pas averti le Père ministre de la permission qu'il lui avait donnée. Louis répondit qu'effectivement la pensée lui était venue qu'en se taisant il pouvait scandaliser; mais qu'ayant craint quelque ruse de l'amour-propre, qui lui eût fait éviter la pénitence, il s'était déterminé à ne rien dire, et à faire la pénitence; mais qu'il était résolu, si le Père ministre lui donnait une troisième pénitence, de lui dire alors, pour ne pas scandaliser, en se taisant l'ordre qu'on lui avait donné; qu'il croyait qu'il n'y avait rien de plus édifiant que la patience à recevoir les pénitences imposées et la promptitude à les remplir, quoiqu'il n'y eût de sa part ni faute ni négligence dans ce qu'on lui reprochait. Plus d'une fois les manquements des autres lui étant imputés par erreur; il ne s'excusait pas, et faisait la pénitence, comme si réellement il eût été coupable; on ne le savait qu'autant que ceux qui avaient fait la faute, le voyant faire pour eux la pénitence, quoiqu'il fût innocent, venaient eux-mêmes s'accuser

Dans l'après-dînée, les novices accompagnaient les Pères aux prisons, ou aux hôpitaux. Tandis que les Pères confessaient les malades ou les prisonniers, leurs novices faisaient le catéchisme aux autres et les disposaient à la confession. Lorsque Louis ne sortait pas, on l'occupait à balayer ou quelque autre emploi pareil. Se trouvant un jour avec d'autres novices occupé à plier le linge, il se souvint de n'avoir, ce jour-là, contre sa coutume, rien lu de saint Bernard. Il eut la pensée d'interrompre l'ouvrage qu'il faisait pour aller faire cette lecture : il pouvait, comme les autres, se retirer après avoir travaillé quelque temps ; cependant il ne le fit pas pour cette raison : « Si tu lisais saint Bernard, se dit-il à lui-même, que t'enseignerait-il, sinon d'obéir ? Figure-toi donc de l'avoir lu, et fais ce que l'obéissance te commande à présent. »

Quant au sujet de ses méditations, il avait une dévotion particulière à méditer la passion de Jésus-Christ ; il avait coutume de s'en rappeler tous les jours le souvenir à midi. Il récitait alors une certaine antienne, et se mettait devant les yeux Jésus crucifié. Il s'acquittait de ce petit exercice avec tant de recueillement et d'onction intérieure qu'il avouait que, dans ce moment, tout ce qui s'était passé le Vendredi-Saint se présentait à son esprit. Nous avons déjà parlé des sentiments qu'il éprouvait dans ses méditations sur l'Eucharistie.

Il avait une dévotion tendre et particulière aux saints anges, et surtout à son ange gardien C'était pour lui une vraie consolation que de s'en occuper.

V

On peut dire avec vérité que toute la vie de Louis, dans la religion, fut une oraison continuelle, parce que le grand usage qu'il avait depuis tant d'années de prier, et de s'élever au-dessus des choses sensibles, lui en avait formé une habitude telle que, partout où il se trouvait, et quelque chose qu'il fît, il n'était plus attentif à ce qui se passait au dehors. Il était même arrivé au point qu'à peine faisait-il aucun usage de ses sens, comme des yeux pour voir, des oreilles pour entendre, tant il était concentré dans son intérieur. Ce n'était qu'en cela qu'il trouvait son repos et sa satisfaction. S'il arrivait qu'il fût obligé de s'appliquer à quelque chose d'intérieur, même utile, quoiqu'il fît extérieurement tout ce qui était nécessaire, il éprouvait une certaine contradiction intérieure, comme si l'un de ses membres fût sorti de sa place ; de sorte que rien n'était pour lui plus aisé que d'être toute la journée absorbé en Dieu dans les occupations extérieures, au milieu desquelles il savait conserver aisément le recueillement. Il avoua une fois qu'il avait autant de difficulté à se distraire de Dieu que d'autres disaient en éprouver pour se recueillir en lui, parce que tout le temps qu'il mettait à se distraire était pour lui un temps de violence. Il fallait donc pour cela qu'il combattît fortement contre lui-même ; ce qui devenait plus nuisible pour sa santé que son application continuelle à Dieu.

Les supérieurs, voyant qu'il était impossible

qu'avec une si grande application il pût vivre longtemps, lui interdirent les jeûnes, les abstinences, les disciplines et d'autres mortifications corporelles; ils lui prescrivirent aussi un temps plus long pour le sommeil, ils lui abrégèrent le temps de l'oraison, ne la lui permettant que pendant une demi-heure; et même ensuite ils la lui retranchèrent tout à fait, lui interdirent jusqu'au fréquent usage des oraisons jaculatoires. Enfin ils lui firent entendre que moins il ferait d'oraison, plus il se conformerait à l'obéissance. Outre cela, ils lui donnèrent différentes occupations extérieures qui ne lui laissaient guère le temps de s'appliquer à ses dévotions ordinaires. D'ailleurs ils avaient soin de l'avertir souvent que, pour la gloire de Dieu, il était obligé de se modérer et de conserver sa santé. Jamais les supérieurs n'éprouvèrent de difficultés à le persuader, ni à lui faire faire ce qu'ils voulaient, parce qu'il était très-obéissant et très-indifférent.

Vers l'automne de 1556, il accompagna à Naples le père Pescatori.

Les supérieurs jugèrent à propos que Louis, après quelque repos, étudiât la métaphysique. Il s'appliqua autant qu'il put, et selon les ordres qu'il en avait. Le collége de Naples avait pour recteur un Père qui avait comme Louis, beaucoup d'attrait pour les mortifications et pour les pénitences corporelles ; sachant donc que Louis avait les mêmes inclinations que lui, il s'en réjouit ; il lui en accorda bien plus libéralement qu'on ne l'avait fait à Rome, et Louis s'en trouva très-satisfait. On ne manqua pas de remarquer, à Naples, dans Louis une singulière modestie, beaucoup de prudence, d'humilité, d'obéissance et de sainteté. On ne parlait de lui qu'en termes pleins d'estime pour sa vertu.

Louis avait passé deux ans dans la compagnie. Après une retraite de quelques jours, il fit, en présence de plusieurs personnes, le 25 novembre 1587, jour consacré à sainte Catherine, les vœux de pauvreté, de chasteté et d'obéissance dans la chapelle du nouveau bâtiment du collège

Romain. Dans cette action, on vit Louis rempli d'une consolation toute spirituelle. Il se voyait enfin vrai religieux, et attaché à Dieu par des liens plus étroits.

Le 25 février de l'année suivante, il reçut la tonsure cléricale à Saint-Jean-de-Latran avec plusieurs autres jeunes jésuites, parmi lesquels était le père Abraham Géorgi, maronite, qui fut martyrisé pour la foi, en allant des Indes en Ethiopie. Ayant, quelques jours après, reçu les ordres mineurs, il continua à mener une vie aussi pleine de vertus qu'on pouvait attendre d'un religieux-clerc.

Louis était un modèle parfait d'humilité, de modestie, d'obéissance et de régularité pour tout le collège. Comme tout le monde le pensait ainsi, on s'entretenait confidemment avec lui des choses de Dieu. Il cherchait, de son côté, à se lier avec les plus fervents, afin que le plaisir de parler de Dieu fût mutuel et réciproque.

Notre saint jeune homme, orné de tant de vertus, était depuis longtemps un fruit mûr pour le ciel. La sainte vie qu'il avait menée jusqu'alors parmi les hommes l'avait rendu digne d'aller vivre parmi les bienheureux. Le Seigneur lui donna quelque indice qu'il ne tarderait pas à l'appeler à lui pour lui donner la récompense qu'il s'était acquise en si peu d'années par le soin qu'il avait eu de les rendre bien pleines. Etant donc à Milan (c'était environ un an avant son heureuse mort), faisant le matin son oraison, et se trouvant dans une haute contemplation, le Seigneur, par une lumière intérieure, lui fit connaître qu'il ne tarderait pas à l'appeler à lui, et que le temps qui lui restait à vivre devait être fort court. Il lui dit en même temps de le servir pendant cette année avec encore plus de ferveur et avec un détachement parfait de toutes choses, et de s'appliquer avec encore plus de soin que par le passé à la pratique de toutes les vertus, soit intérieures, soit extérieures. Cette révélation produisit en lui un si grand changement qu'il se sentit encore plus détaché qu'auparavant de tous les objets de ce monde. Il tint cette révélation fort secrète, et n'en parla qu'à son retour à Rome, et à très-peu de personnes.

Louis continua ses études de théologie avec la même application qu'auparavant, ne pouvant rien ajouter ni au motif ni à la manière. Il souhaitait de quitter Milan et de retourner à Rome, où il avait pris les premières leçons de la vie religieuse, où il avait plusieurs de ses compagnons et amis spirituels; mais, de crainte de blesser en rien l'indifférence dans laquelle il voulait être pour les ordres supérieurs, il ne fit rien connaître de son goût pour cela. Le Seigneur voulut qu'il vînt consoler ses frères, qui le demandaient, au collége Romain : ainsi le Père général, sachant qu'il avait terminé les affaires pour lesquelles il était allé à Milan, que l'hiver ne faisait plus sentir ses rigueurs, pressé d'ailleurs par le Père Rossignoli, recteur du collége Romain, qui souhaitait le retour de Louis pour le bien spirituel de la nombreuse jeunesse de son collége, se détermina à le faire revenir à Rome.

Arrivé à Sienne, il souhaita de communier dans la chambre de sainte Catherine de Sienne : il alla y servir la Messe à un des Pères avec qui il était venu de Florence, et il communia avec des sentiments particuliers de la plus tendre dévotion. On le pria, au collége, de faire un discours de piété aux jeunes congréganistes de la sainte Vierge. Ayant accepté cette commission, il se retira dans une tribune pour faire oraison devant le Saint-Sacrement. C'est là qu'il prépara, sans rien lire, son discours; ensuite il se retira dans sa chambre pour écrire ce qu'il avait pensé. Il parla avec tant d'onction et d'efficacité à ces jeunes gens, qui d'ailleurs connaissaient parfaitement la haute naissance de celui qui les prêchait, qu'il fit naître à plusieurs d'entre eux le désir de renoncer au monde et de se faire religieux ; on fut même obligé de distribuer différentes copies de ce discours a plusieurs qui le demandaient avec instance. Un prédicateur jésuite conserva, par dévotion, l'original de ce discours, écrit de la main de Louis. Enfin on arriva à Rome. Ce fut avec beaucoup de joie que les Pères et les Frères du collége Romain le revirent au milieu d'eux. Ils ne pouvaient se lasser de le voir, de lui parler, et de goûter les fruits de sa très-sainte conversation.

Il dit à quelqu'un ces paroles à son arrivée à Rome : « J'ai déjà enterré mes morts, je n'ai plus à y penser; il est temps désormais que nous pensions à l'autre vie. »

Peu après son arrivée il alla chez le Père recteur du collége, et lui remit tous ses écrits spirituels et de théologie. Il se trouva parmi ces derniers certaines spéculations sur saint Thomas, qui étaient très-belles. Le recteur lui demanda pourquoi il se privait ainsi de ses propres écrits, il lui répond qu'il ne le faisait que parce qu'il sentait y voir un peu d'affection comme à son ouvrage, et que, n'ayant au monde que cette seule affection, il voulait en faire le sacrifice, pour être véritablement détaché de tout. Il était alors parvenu à une sublimité de perfection qu'il serait à souhaiter que tous les religieux connussent et imitassent. L'homme goûte naturellement un certain plaisir et sent une certaine complaisance à se voir singulièrement aimé, surtout des supérieurs, et caressé des personnes de marque. On regarde ces témoignages de bienveillance comme des signes non équivoques de satisfaction. Il arrive de là que quelques-uns non-seulement s'en font un mérite, mais encore se délectent à le raconter. Louis était bien éloigné de ce défaut. Si on lui donnait quelque signe d'estime, il n'y paraissait sensible qu'en faisant connaître le plaisir qu'il en éprouvait. Il était si parfaitement mort à l'amour-propre que, pour lui plaire, on affectait de ne pas tenir plus compte de lui que de tous les autres.

Quand Louis fut sur le point de commencer

sa quatrième année de théologie, en novembr 1590, les supérieurs le forcèrent à prendre une chambre seul; alors il fit instance pour n'avoir du moins qu'un petit réduit, qui était au haut d'un escalier, noir, bas et étroit, dont la fenêtre donnait sur le toit, et où pouvaient à peine tenir son lit, une chaise de bois et un prie-Dieu, dont il se servait, au lieu de table, pour étudier; de sorte qu'on eût plutôt pris ce réduit pour une prison que pour une chambre. C'est pour cette raison qu'on ne donnait cette chambre à aucun étudiant. Le Père recteur, étant un jour allé le voir dans ce réduit, le trouva aussi enchanté de sa petite demeure qu'on peut l'être d'un palais. Nous prenions plaisir à lui dire que, comme saint Alexis avait choisi de demeurer sous un escalier par un esprit de pauvreté, lui, par le même motif, avait choisi d'être logé sur le haut d'un escalier et dans une vraie chaumière. En un mot, il vivait dans un tel état de perfection que personne ne pouvait rien apercevoir en lui qui avoisinât l'imperfection. C'est ce que ses supérieurs, ses compagnons et condisciples ont plusieurs fois témoigné. Un jésuite qui, pendant environ deux ans, avait occupé une même chambre avec Louis, au collége Romain, déclara qu'ayant eu l'un et l'autre ordre du Père recteur de se reprendre avec charité des défauts qu'ils se reconnaîtraient, dans tout ce temps il n'avait rien aperçu dans ce saint jeune homme qui eût l'air de manquement, quoiqu'ils fussent toujours ensemble, et que Louis eût en lui une grande confiance.

VI

Peu de mois avant sa dernière maladie, Louis sentit augmenter en lui le désir de la céleste patrie : il parlait volontiers de la mort. Il disait alors que plus il vivait, plus augmentait en lui le doute de son salut; que, s'il vivait plus longtemps, il craignait que ses doutes ne fissent qu'augmenter, à cause des affaires qui pouvaient lui survenir, et de l'ordre de la prêtrise qu'il serait obligé de recevoir.

La peste s'étant déclarée à Rome, Louis fut chargé de visiter les malades en compagnie d'autre Pères. On eut soin de lui assigner l'hôpital de la Consolation, où, pour l'ordinaire, on ne recevait point de malades contagieux. Malgré ces précautions, presque au même temps, Louis tomba malade du même mal que plusieurs de ses compagnons qui étaient morts. Il se mit au lit le 3 mars 1591, persuadé, dès cette première attaque, que cette maladie serait pour lui la dernière. On vit sur son visage et dans toutes ses actions une joie toute particulière. Des religieux à qui il avait confié la révélation qu'il avait eue à Milan de sa mort prochaine ne doutèrent pas, en voyant sa grande satisfaction, que le temps de sa mort, qu'il avait tant souhaité ne fût arrivé. La malignité du mal, qui était une fièvre pestilentielle, fit tant de progrès qu'au septième jour de sa maladie il se trouva à l'extrémité. Alors il demanda avec beaucoup d'instance à se confesser. Il reçut ensuite le saint Viatique et l'Extrême-Onction des mains du Père recteur. Il répondit à toutes les prières avec de grands sentiments de dévotion; tous les assistants fondaient en larmes : ils regrettaient la perte d'un frère si saint, et qui leur était si cher.

Tandis que Louis avait joui d'une certaine santé, il pratiquait tant de pénitences et de mortifications qu'il semblait par là notablement abréger ses jours. Plusieurs jésuites, ses amis, lui avaient fait quelquefois des reproches à ce sujet, et lui avaient dit qu'au moment de la mort il en aurait les mêmes scrupules qu'avait eus saint Bernard. Louis, pour ne laisser à personne aucun doute là-dessus, après avoir reçu le saint Viatique, la tête parfaitement saine, sa chambre pleine des Pères et des Frères, pria le Père recteur de déclarer à tous qu'il ne se sentait aucun scrupule des pénitences et des mortifications qu'il avait pratiquées; qu'au contraire, il regrettait de n'avoir pas fait en ce genre plusieurs choses qu'il aurait pu faire, et que les supérieurs lui auraient accordées; d'ailleurs qu'il n'avait jamais rien fait en tout cela de sa propre volonté, mais toujours avec l'agrément de l'obéissance. Il ajouta encore qu'il ne croyait avoir à se reprocher aucune transgression des règles; ce qu'il déclarait, afin que personne ne fût scandalisé si quelquefois on l'avait vu ne pas suivre le train de la communauté, et faire plus ou moins que les autres. Ces déclarations ne firent qu'attendrir encore davantage tous les assistants.

Après les premières crises, la maladie de Louis dégénéra en une fièvre lente, qui le ruina peu à peu dans l'espace de trois mois.

Nous avons maintenant à décrire comment Louis se disposa chrétiennement et saintement à passer de la terre au ciel. Malgré les soins qu'on prenait de lui, que n'eût-il pas à souffrir dans une maladie aussi longue et aussi pénible que fut la sienne! Cependant il ne donna jamais aucun signe d'impatience, jamais il ne se plaignit de rien, ni ne témoigna d'être peu satisfait des services qu'on lui rendait. Il montra toujours une patience inaltérable, et la plus parfaite obéissance aux supérieurs, aux médecins, aux infirmiers, apprenant, par son exemple, comme il convient qu'un religieux se comporte jusque dans les grandes maladies.

Du moment qu'il se mit au lit, jusqu'à sa mort, il ne voulut pas qu'on lui parlât d'autre chose que de Dieu et de la vie éternelle. Pour le satisfaire dans un désir aussi juste, tous ceux qui venaient le visiter ne lui tenaient que de pareils discours. Si, par hasard, quelqu'un venait à lui parler de quelque autre chose, Louis paraissait ne prendre aucun intérêt à ce qui se disait, et, quand on recommençait à parler de dévotion, il changeait tout à coup, et mêlait quelques paroles à la conversation, pour témoigner quelle satisfaction il y prenait. La raison qu'il avait d'en agir ainsi était que, quoiqu'il fût persuadé que les choses indifférentes, dites avec sel et avec prudence dans les conversations ordinaires, ne fussent pas contre l'institut, cependant, dans l'état où il se trouvait, il lui paraissait convenable, et tout à fait dans les vues de Dieu, que tous ses discours fussent entièrement spirituels.

Quelquefois il se faisait donner ses habits, et il sortait du lit, puis se traînait à une table sur laquelle était un crucifix ; il le prenait, lui donnait mille baisers affectueux et respectueux : il en faisait autant à une image de la sainte Vierge et de sainte Catherine de Sienne, et à celles des autres saints qui tapissaient les murailles de son infirmerie. Le frère infirmier lui ayant dit qu'il lui épargnerait la peine de se lever pour satisfaire sa dévotion, et qu'il lui apporterait toutes ces images sur son lit, Louis lui répondit : « Mon cher frère, ce sont là mes stations, » et il continua de les faire, tant qu'il fut en état de se lever.

Comme la maladie de Louis allait en empirant, le préfet des infirmeries, qui s'entendait aux malades, lui dit qu'il ne lui restait que peu de jours à vivre. Louis, prenant prétexte de ce avis, dit à l'un de ses confrères : « Vous ne savez pas la bonne nouvelle que j'ai eue : je mourrai dans l'espace de huit jours; aidez-moi, je vous prie, à réciter le *Te Deum*, pour rendre grâces à Dieu de la faveur qu'il me fait. Ils dirent donc tous deux dévotement ce cantique. Ensuite, un autre de ses condisciples étant venu le voir, Louis lui dit avec effusion de cœur : « Mon frère, *lætantes imus, lætantes imus*, nous nous en allons avec joie. » Plus il montrait de satisfaction en prononçant ces paroles, plus ceux qui les entendaient en étaient touchés et attendris.

Le bruit commençant à se répandre qu'il devait mourir dans cette octave, chacun épiait le moment pour se trouver seul avec lui, et pouvoir avec liberté se recommander à ses prières. Il recevait toutes les commissions qu'on lui donnait pour le ciel, et promettait si décidément de les faire qu'il montrait une certitude de devoir bientôt y rentrer. Il parlait de sa mort comme nous parlons d'un changement de chambre. Vers la fin de l'octave, Louis était, la plus grande partie du temps, dans une profonde contemplation, proférant seulement de temps à autre quelques paroles de dévotion, quelques oraisons jaculatoires. Dans les trois derniers jours, ayant reçu d'un Père un crucifix de bronze, auquel étaient attachées des indulgences, il le tint constamment appliqué sur sa poitrine, jusqu'au dernier soupir. Il fit plusieurs fois sa profession de foi que le Rituel prescrit, montrant un grand désir de s'unir à Dieu, et répétant souvent : *Cupio dissolvi et esse cum Christo*, « je désire que mon âme quitte mon corps pour être à Jésus-Christ, » et autres paroles semblables.

Le jour de l'octave de la Fête-Dieu commençait à paraître, lorsqu'un des infirmiers entra dans l'infirmerie de Louis, et, le trouvant à l'ordinaire, lui dit : « Eh bien ! mon frère, nous sommes encore vivants, et non morts, comme vous l'aviez cru et l'aviez dit. » Louis lui confirma qu'il mourrait effectivement ce jour même. L'infirmier, en le quittant, rencontra son compagnon, et lui dit : « Louis persévère dans la croyance qu'il doit mourir aujourd'hui, et cependant il me paraît qu'il est mieux que les jours précédents. Un autre Père, lui faisant visite, lui dit : « Frère Louis, vous disiez que vous mourriez dans cette octave : nous voilà au dernier jour, et il me paraît que vous êtes mieux, et qu'on peut espérer de vous voir vivre. » Louis lui répondit : « Le jour n'est pas encore terminé. » Il parla plus nettement à un autre qui, en entrant dans son infirmerie lorsqu'on lui pansait une plaie au talon droit, que la maigreur et le lit lui avaient occasionée, lui dit, touché de compassion, que quoiqu'on fût bien fâché de le perdre, il priait cependant le Seigneur de le délivrer de cette souffrance; à quoi Louis répondit sérieusement : « Cette nuit je mourrai. » Il répéta jusqu'à trois fois ces mêmes paroles, parce qu'on lui disait qu'on ne le croyait pas malade à ce point. Il passa la matinée de ce jour à faire oraison et des actes de foi et d'adoration avec beaucoup de piété.

Vers midi, il fit instance pour qu'on lui donnât le saint Viatique, qu'il avait déjà demandé dès le point du jour; mais les infirmiers, qui ne croyaient pas qu'il fût si près de mourir, ne faisaient pas attention à sa demande. Cependant, comme il renouvelait ses instances et ses prières, les infirmiers lui dirent qu'ayant déjà reçu dans cette maladie le saint Viatique, ils ne croyaient pas qu'on pût le réitérer. Louis leur répondit : *L'Extrême-Onction, non; le Viatique, oui.* Malgré cette réponse, les infirmiers n'en firent rien.

Sur les six heures du soir, le Père Lambertini, étant venu du noviciat, où ils avaient vécu ensemble, lui vint faire une visite; Louis le pria d'engager le Père recteur à lui donner le saint

Viatique; ce qu'il fit. Il voulut réciter avec lui les litanies du Saint-Sacrement, auxquelles Louis répondit toujours d'une voix claire et distincte, et, à la fin, il remercia ce Père avec un air riant et un contentement plus marqué qu'à l'ordinaire. Le Père recteur entra pour lors avec le saint Viatique, ce qui augmenta la consolation de Louis. Il communia avec la plus grande ferveur, et toujours dans la ferme persuasion qu'il jouirait bientôt de son Dieu, et qu'il le verrait face à face dans le ciel. Tous ceux qui se trouvèrent à cette cérémonie ne purent retenir leurs gémissements et leurs larmes, en entendant prononcer ces paroles ; *Accipe, frater, Viaticum,* etc., *Recevez mon frère, etc.*

VII

Notre saint jeune homme, après avoir reçu le saint Viatique, voulut embrasser tous ceux qui étaient présents. Il le fit avec beaucoup de charité et de satisfaction, suivant l'usage de la compagnie, quand quelqu'un part pour un long voyage. Il donna à chacun le dernier adieu, et chacun le reçut avec larmes, sans pouvoir se déterminer à s'éloigner de lui. On le regardait avec tendresse, et l'on se recommandait à ses prières. Un de ceux avec qui Louis avait traité plus confidemment, lui ayant dit qu'il espérait qu'il jouirait bientôt de la vision béatifique, le pria de se souvenir alors de lui, comme il l'avait fait pendant la vie, et de lui pardonner si, par ses imperfections, il l'avait quelquefois offensé. Louis lui répondit avec tendresse qu'il comptait sur les miséricordes divines, sur le précieux sang de Jésus-Christ, et sur la protection de la sainte Vierge sa mère ; qu'il espérait que son bonheur ne tarderait pas ; et il lui ajouta qu'indépendamment de sa demande, il se serait souvenu de lui, parce que, s'il l'avait aimé sur la terre, il l'aimerait beaucoup plus encore dans le ciel, puisque la charité y est plus parfaite.

Louis avait la tête si saine, il parlait avec tant de justesse et si librement, qu'il ne paraissait pas vraisemblable qu'il dût mourir ce jour-là. Dans le même temps entre le Père provincial, qui lui

dit : « Qu'en est-il de vous, frère Louis? » Il lui répondit : « Mon Père, nous prenons notre route.
— Et pour aller où? — En paradis, répliqua Louis.
— En paradis! reprit le Père provincial. — Oui, mon Père, en paradis, si mes péchés ne m'en empêchent pas; oui, j'espère, par la miséricorde de Dieu, y arriver. » Alors le provincial, se tournant vers ceux qui l'accompagnaient, leur dit tout bas : « Faites attention, je vous prie; il parle d'aller au ciel comme nous parlerions d'aller à Frescati : que devons-nous faire de ce cher frère? devons-nous le mettre dans la sépulture commune? » Tous furent d'avis qu'à cause des preuves qu'on avait de sa sainteté, il convenait d'y faire une attention particulière après sa mort.

Un Père se trouvait sur les sept heures du soir pour l'assister. Assis près de son lit, il tenait sa main sous sa tête pour lui diminuer la peine qu'il prenait à ne point perdre de vue un petit crucifix qu'on lui avait mis sur son lit, et devant lequel il priait, pour gagner, à l'article de la mort, l'indulgence plénière qui y était attachée. Dans ce moment, il haussa le bras et ôta le bonnet de nuit qu'il avait sur la tête : le Père crut que cette action n'était qu'un mouvement de moribond et lui remit son bonnet sans rien lui dire ; un moment après, Louis l'ôta de nouveau ; alors le Père lui dit : « Frère Louis, laissez votre bonnet sur votre tête, de crainte que l'air du soir ne vous fasse du mal. » Pour lors, montrant des yeux son crucifix, il dit : « Quand Jésus mourut, il avait la tête nue. » Quelque temps après on parla en sa présence de ceux qui devaient passer la nuit auprès de lui : quoiqu'il fût absorbé dans la contemplation, il dit deux fois à un Père qui était près de lui : « Assistez-moi, vous. » Comme il avait promis à un autre Père qui souhaitait de se trouver à sa mort de l'en avertir, il lui dit : « Voyez si vous pouvez m'assister, » gardant ainsi la parole qu'il lui avait donné. Il était nuit depuis une heure, et l'infirmerie était pleine de monde.

De temps en temps on l'entendait répéter quelques paroles de la sainte Ecriture, comme : *In manus tuas, Domine,* etc. (Seigneur c'est dans vos mains que je remets mon esprit), et autres semblables. Il conserva toujours le même visage, tandis que ceux qui l'assistaient récitaient les prières des agonisants, lui jetaient de l'eau bénite et lui donnaient à baiser le crucifix.

Quand il toucha à ses derniers moments, on connut, à la pâleur de son visage et par les gouttes de sueur qui lui coulaient en assez grande abondance, qu'il souffrait beaucoup. Dans cette crise, il demanda d'une voix mourante de le changer un peu de situation : il était depuis trois jours dans la même attitude ; mais on craignit l'avancer sa mort en le remuant, et l'on crut que sa demande était plutôt un instinct de la nature qu'un choix de sa volonté. On l'encouragea à souffrir en lui rappelant le lit cruel et insupportable sur lequel notre Seigneur Jésus-Christ, au milieu des plus affreuses souffrances, voulut bien mourir pour nous. A ce souvenir, on le vit regarder finalement son crucifix, et, ne pouvant plus parler, il donnait à connaître par ses signes qu'il souffrirait volontiers encore pour l'amour de Dieu. Il semblait se commander à lui-même d'être soumis. Puis il s'arrêta. Les Pères, voyant qu'il ne pouvait plus parler ni se mouvoir, lui mirent en main un cierge bénit allumé, en signe de la persévérance dans la foi ; il le serra. Comme il le tenait, faisant en même temps des efforts pour invoquer le très-saint nom de Jésus, il remua un peu les lèvres pour la dernière fois, et rendit son âme à son Créateur avec une profonde tranquillité, entre les deux ou trois heures de la nuit. Ainsi Dieu lui accorda la grâce qu'il avait demandée, qui était de mourir ou dans l'octave du très-saint Sacrement, ou un jour de vendredi, en la mémoire de la passion du Sauveur. Il mourut précisément au moment où l'octave finissait et où commençait le vendredi, la nuit du 20 au 21 juin 1561, à l'âge de vingt-trois ans trois mois et onze jours.

A peine Louis eut-il expiré que plusieurs de

ses plus intimes amis, avertis par un des Pères que notre ange avait pris son vol vers le ciel, se levèrent incontinent plein de dévotion et accoururent pour se recommander à sa protection ; parce qu'ils se tenaient assurés qu'il était arrivé au port du salut. Le matin suivant, 21 de juin, à peine eut-on donné le signal pour se lever que l'infirmerie où était le corps ne pouvait plus contenir la foule qui s'y rendit. On priait pour lui, mais on se recommandait encore plus à lui ; plusieurs se jetèrent sur ses souliers, sur une chemise, sur une camisole et autres habillements qu'il avait portés. Enfin on porta le corps dans la chapelle domestique. Plusieurs de ses confrères, surmontant l'horreur qu'on a communément de toucher un mort, s'approchaient de la bière, baisaient, par dévotion, le défunt, et ne se lassaient pas de l'appeler saint, saint ! Toutes les messes qui se dirent ce jour-là au collége et dans les autres maisons de la compagnie de Rome, furent célébrées pour lui, quoique plusieurs ne lui en appliquassent le fruit que pour se conformer à l'usage, bien persuadés qu'il n'en avait pas besoin.

Pour bien comprendre quelle sensation fit dans tous ceux du collége la mort de Louis, il faudrait s'y être trouvé présent. On ne s'entretenait que de ses vertus et de sa sainteté; chacun racontait ce qu'il en avait aperçu; tous sentaient le prix de la perte qu'ils faisaient d'être privés de la compagnie de ce saint jeune homme.

On laissa le corps de Louis pendant sept ans dans le cercueil avec lequel il avait été inhumé, c'est-à-dire jusqu'à l'année 1598. Dans la crainte cependant qu'on ne vînt, dans la suite, à confondre ses ossements avec les autres corps, on retira, par ordre du Père général Aquaviva, ses ossements du cercueil où ils étaient, pour les mettre dans une caisse plus petite, qu'on plaça dans la muraille, le 22 juin 1598. C'est à cette occasion que l'on prit des reliques de Louis, qui furent envoyées dans plusieurs villes d'Italie, en Pologne et jusqu'aux Indes...

Comme le Seigneur avait déjà commencé à glorifier son serviteur par des miracles, le Père général ordonna qu'on retirât ces précieux ossements du lieu où ils étaient, pour les placer dans un endroit plus décent, absolument séparé des autres. En exécution de cet ordre, le 3 juin 1602, on transporta secrètement dans la sacristie ces précieuses dépouilles, et, le premier de juillet de la même année, on les plaça dans une boîte de plomb, qui fut mise sous le marchepied de l'autel de saint Sébastien, dans la même église. Quoiqu'on eût pris toutes sortes de précautions pour que cette translation fut secrète, et qu'on n'y eût admis que les personnes absolument nécessaires, il en transpira quelque chose dans le public, et bientôt la dévotion du peuple rendit célèbre le lieu où reposait ce précieux trésor.

Enfin le bruit de la sainteté de Louis se répandit de plus en plus dans toutes les parties du monde, et les miracles se multipliant, le prince don François de Gonzague, frère du marquis de Châtillon, alors ambassadeur de Rome, jugea que le lieu où l'on avait mis ces reliques était trop étroit : ainsi sur ces instances, le Père général fit exhumer de nouveau ces précieuses reliques. On ouvrit la caisse qui les renfermait, et, de l'agrément des supérieurs, le prince François prit quelques reliques pour lui et le duc de Mantoue. La tête, à la prière du même prince, fut donnée à l'église du collège de Châtillon, où on la conserve avec une grande vénération. Le 13 mai 1605, tout le reste de son corps, porté par des prêtres et accompagné d'une grande quantité de lumières, fut transféré dans la chapelle de Notre-Dame de la même église, et fut placé dans le mur du côté de l'Evangile. On fit encore cette nouvelle translation les portes fermées ; cependant le frère du saint s'y trouva avec son épouse et quelques autres seigneurs ; le concours y fut même si grand que plusieurs prêtres furent longtemps occupés à laisser baiser la caisse qui renfermait les reliques de Louis, et à faire toucher les chapelets et choses pareilles de dévotion, avant qu'on pût placer ce sacré dépôt au lieu qui lui était destiné. Les précieuses dépouilles de Louis reposèrent dans cette chapelle pendant une quinzaine d'années. On y mit son image et plusieurs vœux autour; une lampe y était toujours allumée. Enfin l'année 1620, le 15 de juin, les reliques de Louis furent transportées dans la chapelle construite exprès pour lui.

On demandait, depuis plus d'un siècle, la canonisation de Louis, mais il semble que le Seigneur avait permis ce délai pour la plus grande gloire de notre saint, et pour augmenter le mérite de ses dévots; car, pendant ce long espace de temps, on compta près de quatre-vingts suppliques des empereurs, des rois, des princes, des communautés, tant ecclésiastiques que séculières, présentées au Saint-Siége. Il était réservé à Benoît XIII d'accorder cette faveur.

LIMOGES. — IMPRIMERIE DE CHARLES BARBOU.